Kriegerinnen und Ekstase-Krieger

Berserker und Ulfhedinn
und Kriegerinnen

Band 62 der Reihe „Die Götter der Germanen"

1

Bücher von Harry Eilenstein:

- Astrologie (496 S.)
- Photo-Astrologie (428 S.)
- Horoskop und Seele (120 S.)
- Tarot (104 S.)
- Handbuch für Zauberlehrlinge (408 S.)
- Physik und Magie (184 S.)
- Der Lebenskraftkörper (230 S.)
- Die Chakren (100 S.)
- Meditation (140 S.)
- Reinkarnation (156 S.)
- Drachenfeuer (124 S.)
- Krafttiere – Tiergöttinnen – Tiertänze (112 S.)
- Schwitzhütten (524 S.)
- Totempfähle (440 S.)
- Muttergöttin und Schamanen (168 S.)
- Göbekli Tepe (472 S.)
- Hathor und Re 1: Götter und Mythen im Alten Ägypten (432 S.)
- Hathor und Re 2: Die altägyptische Religion – Ursprünge, Kult und Magie (396 S.)
- Isis (508 S.)
- Die Entwicklung der indogermanischen Religionen (700 S.)
- Wurzeln und Zweige der indogermanischen Religion (224 S.)
- Der Kessel von Gundestrup (220 S.)
- Der Chiemsee-Kessel (76)
- Cernunnos (690 S.)
- Christus (60 S.)
- Odin (300 S.)
- Die Götter der Germanen (Band 1 – 80)
- Dakini (80 S.)
- Kursus der praktischen Kabbala (150 S.)
- Eltern der Erde (450 S.)
- Blüten des Lebensbaumes 1: Die Struktur des kabbalistischen Lebensbaumes (370 S.)
- Blüten des Lebensbaumes 2: Der kabbalistische Lebensbaum als Forschungshilfsmittel (580 S.)
- Blüten des Lebensbaumes 3: Der kabbalistische Lebensbaum als spirituelle Landkarte (520 S.)
- Über die Freude (100 S.)
- Das Geheimnis des inneren Friedens (252 S.)
- Von innerer Fülle zu äußerem Gedeihen (52 S.)
- Das Beziehungsmandala (52 S.)
- Die Symbolik der Krankheiten (76 S.)

- König Athelstan (104 S.)

Kontakt: www.HarryEilenstein.de / Harry.Eilenstein@web.de

Herstellung und Verlag: BoD - Books on Demand, Norderstedt   **ISBN:** 9783744814515

Die Themen der einzelnen Bände der Reihe „Die Götter der Germanen"

Inhaltsverzeichnis

A Die Berserker

B Die Ulfhedinn

C Die Kriegerinnen

A   Die Berserker

Die Berserker sind ein spezielles Element der germanischen Kultur gewesen, das sich in dieser Form nur bei ihnen findet.

I   Die Berserker in der germanischen Überlieferung

Die Berserker, also die in ein Bärenfell gekleideten Ekstase-Kämpfer, sind eines der Elemente der germanischen Kultur, die auch heute noch sehr gut bekannt sind und sich als Name und Bild für einen rücksichtslosen, tobenden Menschen erhalten haben.

I 1.   Wortschatz

hamast - eine andere „Haut", d.h. eine andere Gestalt annehmen = ein Bären-fell anziehen = in Berserker-Wut geraten

berserker - Bärenhäuter, Bärenfell-Mann = Kampf-Ekstatiker

berserka-gangr - Berserker-Raserei, Berserker-Wut, Kampf-Ekstase

jötun-modr - Riesen-Wut (der Riese ist möglicherweise der ehemalige Kriegsgott und Sonnengott-Götterkönig Tyr)

as-megin - Asenkraft, insbesondere die des Thor

Die Berserker verwandelten sich symbolisch-magisch in einen Bären, um in ihre Kampf-Ekstase zu geraten.

Diese Kampf-Ekstase wurde vermutlich mit dem ehemaligen Göttervater Tyr und später nach dessen Absetzung um 500 n.Chr. mit Thor assoziiert.

I 2.   Die Berserker-Ekstase

Um das Wesen der Berserker erfassen zu können, ist zunächst einmal notwendig, die Kampf-Ekstase selber zu verstehen.

Den Berserkern sind die Ulfhedinn nahe verwandt, die sich mit einem Wolf statt mit einem Bären verbanden.

2. a)   Asmund Recken-Töter

Hildibrand Hunnen-Kappe hatte die Kräfte eines Berserkers und ihn überkam die Berserker-Wut. ... Hildibrand Hunnen-Kappe rückte gegen König Alfs Heer vor und es war übel, ihm im Weg zu stehen. Er schlug nach beiden Seiten hin aus und griff heulend des Königs Standarten-Träger an.

Die Berserker heulen (wie Bären? wie Wölfe?) beim Kampf.

2. b)   Landnahme-Buch

Thorir hat das Priesteramt inne und wohnte in Unterberg und hatte manchmal die Berserker-Wut.

Die Berserker-Wut ist kein Dauerzustand, sondern tritt nur gelegentlich auf.

2. c)   Die Saga über Fridthjof den Kühnen

Zusammen mit Atle waren sie zehn üble und umtriebige Männer, die oft in die Berserker-Wut gerieten.

Die Berserker-Wut tritt bei verschiedenen Berserkern verschieden häufig auf.

2. d)   Die Saga über Asmund Recken-Töter

Als Hildibrand hörte, daß seine Recken getötet worden waren, kam die Berserker-Wut über ihn.

Die Berserker-Wut kann durch psychischen Schmerz und Rache-Gelüste ausgelöst werden.

2. e)   Egil-Saga

Es wird erzählt, daß Kvedulf und auch einige seiner Gefährten da einen Gestalt-wandler-Anfall hatten.

Mehrere Männer können gleichzeitig in die Berserker-Wut geraten.

2. f)   Egil-Saga

Ljot war ein Mann von großer Statur und Stärke. Als er auf den Zweikampfplatz vortrat, packte ihn ein Berserkerwut-Anfall und er begann schrecklich zu heulen und biß in seinen Schild.

Die Berserker-Wut kann auch durch einen bevorstehenden Kampf ausgelöst werden.
Der Eintritt in die Berserker-Wut wird von Heulen und „in den Schildrand beißen" begleitet. Möglicherweise hat der Berserker dabei das innere Bild, ein Bär zu sein und seine Feinde mit Bissen zu töten.

2. g)   Die Saga über Hervor und König Heidrek den Weisen

Als die Brüder heimkamen, bereiteten sie sich für den Kampfplatz vor und ihr Vater begleitete sie zum Schiff und gab das Schwert Tyrfing dem Angantyr.
„Mir scheint," sagte er, „daß dort gute Waffen gebraucht werden."
Er wünschte ihnen Lebewohl. Danach fuhren sie von dannen.
Als die Brüder nach Samsey kamen, sahen sie zwei Schiffe in der Bucht, die

Munway genannt wird. Die Schiffe waren von der Art, die 'Eschen' genannt werden. Sie nahmen an, daß diese Schiffe dem Hjalmar und dem Odd gehören mußten. Da zogen Arngrims Söhne ihre Schwerter und bissen in ihre Schild-Ränder – da überkam sie der Berserker-Zustand. Da rannten je sechs von ihnen auf die beiden Eschen. An Bord von ihnen ihnen waren so gute Krieger, daß sie alle nach ihren Waffen griffen und niemand von seinem Posten floh und niemand einen Laut der Angst von sich gab. Die Berserker jedoch erstiegen das Schiff auf der einen Seite und rannten bis zu der anderen und töteten alle. Dann kehrten sie an Land zurück und brüllten.

Hjalmar und Odd waren auf die Insel gegangen, um zu sehen, ob die Berserker schon gekommen waren. Und als sie aus dem Wald heraus traten und zu ihren Schiffen gingen, kamen die Berserker mit blutigen Waffen von den Schiffen herab und der Berserker-Zustand verließ sie wieder. Da wurden sie schwächer als sonst – wie nach einer Art von Krankheit.

Die Berserker-Wut überkommt die Berserker vor Kämpfen möglicherweise spontan. Das „in den Schildrand Beißen" scheint eine übliche Methode gewesen zu sein, um diesen Zustand hervorzurufen.

Nach der Berserker-Wut sind die Berserker erschöpft.

2. h) Tacitus

Tacitus beschreibt eine Art Schild-Gesang, den die Germanen vor der Schlacht anstimmen. Diese Gesänge scheinen keinen Text zu haben, sondern eher das Intonieren von Tönen oder ein Grollen oder Brüllen zu sein.

Sie haben auch die Überlieferung, daß Herkules (Thor) *in ihrem Land gewesen sei und sie preisen ihn mehr als alle anderen Helden in ihren Liedern, wenn sie in die Schlacht ziehen.*

Bei ihnen findet man jene Art von Liedern, durch deren Gesang, den sie 'Bardit' nennen, sie in sich den Kampfgeist erwecken und durch den sie sogar den Verlauf der bevorstehenden Schlacht erahnen können – entsprechend dem verschiedenen Klang dieses Lärmens des Heeres drängen sie kühn oder weichen ängstlich zurück.

Das, was sie dabei äußern, ist auch nicht so sehr Gesang als vielmehr die Stimme und der Ausdruck des Kampfmutes. Sie streben vor allem einen starken und klingenden Ton an, der aus einem unterbrochenen und ungleichmäßigen Brummen heraus entsteht, bei dem sie sich ihre Schilde vor den Mund halten, damit die Stimme durch den Widerhall an ihnen noch kräftiger anschwillt.

„Bardi" bedeutet im Germanischen „Bart, Barte (des Wals), Streitaxt, Granne (der Getreideähre), Rand". Auch im Altnordischen konnte eine Axt noch „Bart" oder „Lang-Bart" genannt werden.

Der Ursprung dieser Worte ist das indogermanische Substantiv „bhardha" für „Bart". Die Barten eines Wales sind zwar von ihrer Funktion her eigentlich eher Zähne, aber von ihrem Aussehen her gleichen sie einem Bart. Die Klinge an einer Axt ist sozusagen ein „Bart an einem Stiel". Die Grannen an einer Getreideähre sind der „Bart der Getreidekörner". Ein Rand ist vermutlich der „Bart der betreffenden Sache", wobei mit dieser Sache in vielen Fällen ein Schild gemeint sein wird.

Es wäre also denkbar, daß das von Tacitus überlieferte Wort „Bardit" die Bedeutung „Schild" oder „Schildgesang" hat.

Interessanterweise heißen die Sänger bei den Kelten „Barde", was wörtlich „Sänger, Lobpreiser" bedeutet.

Über den germanische Dichtergott Bragi wird berichtet, daß er einen besonders langen Bart gehabt hat. Auch bei ihm sind daher Bart und Gesang miteinander assoziiert.

Wenn es jedoch tatsächlich einen Zusammenhang zwischen den Barden/Skalden und dem Schild-Gesang bei der Kampf-Ekstase geben sollte, würde sich notwendigerweise die Frage stellen, wie dieser Zusammenhang entstanden sein könnte.

Dieser Frage wird in den folgenden Betrachtungen weiter nachgegangen.

Die alles andere als naheliegende Assoziation von „Bart" und „Kriegsgesang" sowohl bei den Germanen als auch bei den Kelten läßt eine Verbindung zwischen den beiden Völkern bei der Entdeckung der Möglichkeit der Kampfekstase vermuten.

2. i) Egil-Saga

Zur Zeit des Skalden Egil Skallagrimsson ist aus dem von Tacitus beschriebenen Schild-Gesang u.a. eine Methode zur Induzierung der Berserker-Ekstase geworden.

Sie fuhren los und kamen schon bald zu der Insel. Dort gab es eine schöne Ebene in der Nähe des Meeres, der der Ort des Zweikampfes sein sollte. Der Boden wurden mit Steinen, die in einem Kreis lagen, markiert. Dorthin kamen auch Ljot und seine Männer.

Da machte er sich für den Kampf bereit. Er hatte einen Schild und ein Schwert. Ljot war ein großer und starker Mann.

Und als er über das Feld zu dem Zweikampf-Ort herbeikam, wurde er von einem Berserker-Anfall ergriffen: Er begann abscheulich zu brüllen und biß in seinen Schild.

Das zur Induzierung der Berserker-Wut anscheinend allgemein übliche Gebrüll und das „in den Schild beißen" hat eine große Ähnlichkeit mit dem „in den Schild tönen", über das Tacitus berichtet – nur das dies damals von dem gesamten Heer und nicht von einem einzelnen Kämpfer getan wurde.

Es hat den Anschein, als ob diese Methode der Induzierung der Kampf-Ekstase um 100 n.Chr. auch eine kollektive Methode gewesen ist – sofern man den Zustand, den das germanische Heer durch diesen Gesang damals erreichte, der Kampf-Ekstase vergleichen kann (was ja keineswegs sicher ist).

2. j)   Die Saga über die Siedler von Eyre

Bei dem Jarl waren zwei Brüder von schwedischer Abstammung, von denen der eine Halli und der andere Leikner genannt wurde. Sie waren große Männer – sowohl an Statur als auch an Stärke und zu ihrer Zeit konnte man nicht ihresgleichen in Norwegen oder sonst irgendwo finden.

Sie konnten die Berserker-Wut hervorrufen und sie waren nicht wie Menschen, wenn sie in Rage gerieten, sondern wie wahnsinnige Hunde, und sie fürchteten dann weder Feuer noch Stahl. Doch ihr alltägliches Benehmen war nicht unangenehm, solange niemand etwas tat, was sie ärgerte, aber wenn irgendjemand sie provozierte, waren sie die kampfeswütigsten aller Männer.

...

Als Halli das hörte, geriet er in Wolfs-Stimmung und war übel gelaunt.

Die Berserker fürchteten weder Feuer noch Stahl.

Dieser Text zeigt, daß nicht deutlich zwischen Berserkern und Ulfhedinn unterschieden wurde, da zum einen gesagt wird, daß sich die Berserker wie wahnsinnige Hunde gebärdeten und zum anderen berichtet wird, daß einer der Berserker in „Wolfs-Stimmung" geriet.

Berserker und Ulfhedinn scheinen sich nur durch das Tier, auf das sich ihr Name bezieht, zu unterscheiden.

2. k)   Hrafnsmal

Helme trugen sie
und helle Schilde
westländische Wurfspieße
und welsche Schwerter.
Die Berseker brüllten,
sie brannten auf Kampf,
sie schrien, die Wolfspelze,
und schüttelten das Eisen.

Hier wird berichtet, daß sowohl die Berserker als auch die Ulfhedinn („Wolfs-pelze") vor einem Kampf brüllten und schrien. Zusätzlich schütteln sie noch ihre Waffen, was möglicherweise einen Alternative zu dem „in den Schild beißen" ist.

Berserker und Ulfhedinn kämpfen hier offenbar gemeinsam oder sind dasselbe.

2. l)   Die Saga über Pfeile-Odd

Als die zwölf Brüder losgingen, überkam sie der Berserker-Zustand und sie began-
nen zu schreien. Auch Angantyr überfiel der Berserker-Zustand – und das war noch
nie zuvor geschehen.

Die Berserker-Wut kann auch von zwölf Brüdern gleichzeitig erlangt werden.

Die Berserker-Wut kann nicht rein willentlich erlangt werden – für ihre Entstehung ist auch ein spontanes Element notwendig. Dadurch kann dieser Zustand auch uner-wartet nach einer langen Zeit, in der dies niemals gelungen ist, auftreten.

Der oben angeführte Text zeigt unter anderem auch, daß die Berserker-Wut keine normale Kampfes-Wut ist, sondern ein sehr markanter Zustand, der sich von einem normalen Kämpfen leicht unterscheiden läßt.

2. m)   Magnusdrapa

Der unfaule Herrscher stürmte
mit seiner breiten Axt voran
und warf seine Brünne fort; ein Schwert-Lärm
erhob sich rings um den Herrscher der Hordar
als der Fürst den Stiel mit beiden Händen fest umgriff
und der gestaltende Wächter des Himmels
ihm die Erde zuwies.
Hel spaltete bleiche Schädel.

- unfaul = kampfbegierig
- Hordar = Stamm in Norwegen; dessen Herrscher = norwegischer König = Magnus
- Wächter des Himmels = Heimdall = hier: Gott Vater
- die Erde zuweisen = den Sieg über das Land verleihen

Das Fortwerfen der Brünne und manchmal auch des Schildes ist eine typische Geste beim Eintritt der Kampf-Ekstase während der Schlacht.

In der Berserker-Wut ist der Berserker offenbar vollkommen auf Angriff eingestellt und kümmert sich nicht mehr um seine Verteidigung mit Brünne und Schwert. Das bedeutet vermutlich, daß der Berserker vollkommen einsgerichtet ist und nur noch den Tod der Feinde im Blick hat und dabei sehr wahrscheinlich den eigenen Tod nicht mehr fürchtet und auch überhaupt nicht mehr an die Gefahr oder an den eigenen Tod denkt.

2. n)   Die jüngere Version der Huldar-Saga

Über die Leute des Holgi kam der Berserker-Gang, so daß sie Steine schleudern konnten, die hinterher keiner von ihnen mehr zu heben vermochte. Nach schweren beiderseitigen Verlusten mußte Frodi mit seinen Dänen fliehen. Man sieht aber noch die zahlreichen Grabhügel der Gefallenen in Halogaland und Huld verhängte über diese Landschaft, daß in ihr fortan mehr Berserker gefunden werden sollten als anderwärts, was auch eintraf.

Hier wird gesagt, daß die Berserker während ihrer Kampf-Ekstase über Kräfte verfügen, die die Kraft normaler Menschen deutlich übersteigt.

Berserker scheinen diesem Text zufolge als Berserker geboren zu werden – es scheint nichts zu sein, was man einfach erlernen kann. Ob dazu ein Zauberspruch der

Göttin Huldar notwendig ist, ist fraglich – diese Szene ist vermutlich nur deshalb entstanden, weil diese Göttin ist in dieser Saga die wichtigste „Zauberin" ist.

2. o)   Gesta danorum

In dieser „Geschichte der Dänen" findet sich auch die Schilderung von sieben Berserker-Brüdern, die nicht durch Feuer verwundet werden konnten. Diese Darstellung ist deutlich erkennbar von dem Standpunkt eines christlichen Mönches aus geschrieben worden.

Siwald hatte sieben Söhne, die so geschickte Zauberer waren, daß sie häufig, wenn sie eine plötzliche Wut überkam, wild brüllten und in ihren Schild bissen, glühende Kohlen verschlangen und durch ein jegliches Feuer laufen konnten, das aufgeschichtet worden war; und ihre wilde Leidenschaft konnte nur durch harte Ketten gebremst oder durch das Töten von Menschen befriedigt werden. Während einer solchen Wut waren sie in einer blutrünstigen Verfassung und wurden wohl von der Wut der Dämonen besessen.

Auch hier wird das Brüllen und das „in den Schild beißen" beim Entstehen der Berserker-Wut berichtet.
Das Laufen durch Feuer und das Verschlingen von glühenden Kohlen ist ein neues Element.

2. p)   Gesta danorum

In dem folgenden Text des Mönches Saxo des Schriftkundigen sind die Vorgänge bei der Erzeugung der Kampfekstase bereits mit den Fähigkeit in der Kampfekstase vermischt worden.

Als Hardbeen dies hörte, wurde er plötzlich von einer dämonischen Wut-Ekstase ergriffen: Er biß in seinen Schild und zerstörte ihn; er schluckte immer weiter glühende Kohlen; er warf sich glühende Holzstücke in den Mund und schluckte sie in seine Eingeweide hinab; er stürmte durch die Gefahr prasselnder Feuer; und schließlich, nachdem er durch alle Arten von Wahnsinn gegangen war, wandte er mit wütender Hand sein Schwert gegen die Herzen von sechs seiner Krieger.
Es ist ungewiß, ob dieser Wahnsinn aus seinem Kampfesdurst oder aus natürlicher

Gewalttätigkeit heraus entstanden ist.

2. q) Saga über Kampf-Glum

Glum ging heim. Da überkam ihn ein Lachanfall, der ihn so sehr schüttelte, daß er ganz blaß wurde und Tränen aus einen Augen flossen – so groß wie Hagelkörner. Dies geschah ihm später noch oft, wenn ihn das Verlangen, jemanden zu töten, überkam.

Anstelle des Brüllen kann anscheinend auch ein heftiger Lachanfall stehen – obwohl nicht ganz klar ist, ob das Lachen diese Funktion hat oder eher eine Ankündigung der Berserker-Wut ist.

2. r) Zusammenfassung

Die Kampfekstase beginnt naturgemäß vor oder während eines Zweikampfes oder in einer Schlacht. Zum Teil wird sie durch besondere Ereignisse wie den Tod eines Gefährten hervorgerufen.

Manche Berserker fallen oft in die Kampfekstase, manche seltener. Manchmal tritt die Berserker-Wut auch erst in späteren Jahren bei einem Mann aus einer Familie, in der es viele Berserker gibt, auf.

Die Ekstase wird durch Heulen und Brüllen sowie das Beißen in den Schildrand hervorgerufen. Dieses Gebrüll wird als das Heulen von Wölfen und das Bellen von wilden Hunden beschrieben – es scheint sich also eher auf die Ulfhedinn („Wolfshaut-Leute") als auf die Berserker („Bärenfell-Leute") zu beziehen. Es handelt sich hier aber sehr wahrscheinlich lediglich um ein zwei verschiedene Raubtiere, mit denen sich die Krieger identifizierten, und nicht um zwei grundlegend verschiedene Ekstase-Methoden.

Das von Tacitus berichtete Singen oder Knurren der Germanen in ihren Schild könnte ein Vorläufer dieses Berserker-Geheuls sein.

Zwei weitere Elemente, die über das Hervorrufen der Kampfekstase berichtet werden, sind das Verschlucken von glühenden Kohlen und das Laufen über Feuer.

In einem Fall wird auch ein Lachanfall und eine sich daraus ergebende Blässe als Vorgang vor der Kampfeswut beschrieben.

Während des Kampfes werden beim Eintritt der Berserker-Wut oft die Brünne, der

Schild und der Helm fortgeworfen.

Die Berserker können Steine schleudern, die nachher niemand mehr aufheben kann.

Nach dem Kampf sind sie manchmal schwach wie nach einer Krankheit.

3. Die Verwandlung in einen Bären

Die Verwandlung in einen Bären ist sicherlich nicht wörtlich zu nehmen, sondern als ein inneres Erlebnis aufzufassen, das dann später in den Sagas als äußeres Ereignis geschildert worden ist.

3. a) Die Saga über König Hrolf Krähe

Danach verging eine lange Zeit, in der König Hrolf und seine zwölf Meisterkrieger in Frieden in Dänemark blieben. Niemand griff sie an. All seine tributpflichtigen Könige zahlten ihre Abgaben und auch sein Schwager Hjorvard.

Da geschah es eines Tages, daß Königin Skuld mit einem tiefen Seufzer mit ihrem Mann König Hjorvard sprach und sagte: „Es scheint mir nicht rechtens zu sein, daß wir König Hrolf Tribut zahlen und von ihm unterdrückt werden. Es kann einfach nicht so weitergehen, daß Du sein Untergebener bist!"

Hjorvard sagte: „Es wird das Beste für uns sein, es wie alle anderen zu ertragen und die Dinge so, wie sie sind, ruhen zu lassen."

„Du bist ein rückgratloses Rohr im Wind!" sprach sie, „all diese Schande zu ertragen, die Dir angetan wird!"

Er sprach: „Es ist nicht möglich, mit König Hrolf zu kämpfen, da es niemand wagt, seinen Schild gegen ihn zu erheben."

„Ihr seid so rückgratlos, ihr alle!" sprach sie, „Ihr habt kein Mark in den Knochen! Niemand wird irgendwo hinkommen, wenn er es nicht versucht. Niemand weiß, ob König Hrolf und seine Recken verwundet werden können oder nicht, bevor es nicht versucht wurde!

Aber so, wie die Dinge nun stehen," sprach sie weiter, „bezweifle ich, daß er gegen uns siegen könnte, und es scheint nicht so außer Frage zu sein, es zu versuchen und zu schauen, was geschieht – und obwohl er mit mir durch verwandtschaftliche Bande verbunden ist, werde ich ihn nicht beschützen: Und das ist der Grund, warum er immer daheim weilt, denn er hat selber den Verdacht, daß ihm der Sieg entgleiten würde. Ich werde nun einen Plan vorschlagen, wenn Du zuhörst, und ich werde nicht mit Listen sparen, um Erfolg zu haben."

Eine Frau als Ursache für einen Krieg ist sowohl in den indogermanischen Epen als auch in den mittelalterlichen Sagen ein sehr weit verbreitetes Thema. In vielen Fällen läßt sich noch erkennen, daß diese in politischer Hinsicht „todbringende Frau" ursprünglich die in mythologischer Hinsicht „todbringende Frau" gewesen ist.

Diese politische „Femme fatale" geht über die Nornen zurück auf die Jenseitsgöttin, die die Toten, die Sonne, die Schamanen, die Priester und die Könige bei ihren Jenseitsreisen in der Unterwelt wiedergebiert.

Solche Umdeutung von dem, was ursprünglich auf der Reise ins Jenseits geholfen hat, zu dem, was selber den Tod verursacht, ist eine der am weitesten verbreiteten Dynamiken in der Entwicklung von Mythen.

Skuld war eine mächtige Zauberin, eine große Galdr-Frau, die auf ihrer Mutterseite von den Elfen abstammte – und König Hrolf und seine Recken würden dafür bezahlen.

Die Schilderung der Königin Skuld in dieser Saga als Zauberin zeigt, daß Skuld hier nicht nur ein beliebiger Frauenname ist, sondern daß sie eine Weiterentwicklung aus der zauberkundigen Norne Skuld ist.

Der „Galdr" ist der Zauberspruch und der Zaubergesang. Das Wort leitet sich von germanisch „gal" für „singen, Vogelgesang" ab und findet sich z.B. auch in den Worten „Nachtigall" und „gellen". Dieses Wort stammt von dem indogermanischen Verb „ghel" für „rufen, schreien" ab.

Skuld war folglich eine Frau, die Zauberlieder sang und dadurch magische Wirkungen hervorrufen konnte. Diese Gesänge entsprechen den Schicksalssprüchen der Nornen.

(Skuld sprach:) *„Als erstes senden wir Männer zu König Hrolf und bitten ihn, daß wir die nächsten drei Jahre keinen Tribut zahlen und ihm danach alles, was wir ihm schulden, auf einmal zahlen. Ich denke, daß diese List sehr wahrscheinlich Erfolg haben wird, und wenn dies gelingt, dann werden wir einen guten Stand haben."*

Die Boten liefen zwischen ihnen hin und her, so wie die Königin es ihnen befohlen hatte. König Hrolf stimmte diesem Vorschlag, die Tribut-Zahlungen wie erbeten aufzuschieben, zu.

Dann versammelte Skuld all die stärksten Männer und alle die Verstoßenen und die Übeltäter aus den benachbarten Regionen. Dieser Verrat wurde jedoch verborgen, sodaß König Hrolf ihn nicht bemerkte und niemand Verdacht schöpfte, da Skuld alles durch die größten Zaubersprüche und Zauberkunst verbarg. Skuld wandte ihre mächtigste Seid-Kunst an, um ihren Bruder Hrolf zu besiegen – ihre Magie war so stark, daß sie von einem zahllosen Gefolge von Elfen und Nornen und anderem bösem Abschaum begleitet wurde, gegen das menschliche Stärke hilflos war.

Hier zeigt sich, daß der Verfasser dieser Saga nur noch eine sehr ungenaue Vorstellung über die Wesen und Vorgänge in der germanischen Religion hatte, da er Elfen nicht mehr als Ahnen und auch Nornen nicht mehr als Schicksalsgöttinnen erkennt und zudem den Seidir, also die Kunst, den Göttermet und andere Zaubertränke zu brauen, statt des Galdr für das geeignete Mittel hält, um Geister herbeizurufen.

König Hrolf und seine Recken haben jedoch großen Spaß und viel Freude in Hleidargard und trieben alle Arten von Kurzweil, die sie kannten, und führten diese mit Geschick und höfischer Anmut durch. Und jeder von ihnen hatte eine Begleiterin zu seinem Vergnügen.

Es wird nun berichtet, daß das Heer von Skuld und König Hjorvard, nachdem es fertig vorbereitet war, mit einer unermeßlichen Streitmacht nach Hleidargard zog und dort an Jul anlangte.

Die Julnacht ist der Zeitpunkt, an dem sich das Tor zwischen Diesseits und Jenseits öffnet – wie schon bei der Zeugung der Skuld durch König Helgi und die Elfenfrau in einer Julnacht. Diesmal ist es der Teil des Heeres, der in der Julnacht aus „Elfen, Nornen und anderem bösem Abschaum" bestand, der aus dem Jenseits ins Diesseits kam.

König Hrolf hatte vielfältige Vorbereitungen für das Jul-Fest getroffen und trank mit seinen Männer reichlich an diesem Abend.

Hjorvard und Skuld errichteten ihre Zelte außerhalb der Festung. Sie waren lang und groß und mit wundervollem Zierat versehen. Bei ihnen standen viele Karren voll mit Waffen und Rüstungen.

König Hrolf achtete nicht auf sie.

... ...

König Hrolf sprang von seinem Hochsitz auf, nachdem er eine Weile mit seinen Meisterkriegern getrunken hatte. Sie verließen den guten Trank und waren im Nu draußen – alle außer Bodvar Bjarki. Niemand von ihnen sah ihn und dies fanden sie seltsam und ihnen schien es am wahrscheinlichsten, daß er an einem anderen Ort war – entweder gefangen oder getötet.

Bodvar war einer der beste der zwölf Meisterkrieger des Königs Hrolf Kraki, die oft auch als Berserker geschildert werden.

In dem Augenblick, als sie hinaustraten, brach eine fürchterliche Schlacht aus.

... ...

Da wurde der Kampf so heftig, daß niemand König Hrolf und seinen Recken widerstehen konnte. König Hrolf schlug mit seinem Schwert Skofnung zu und sie stürmten derart auf König Hjorvards Heer ein, daß die Feinde in Scharen fielen.

Dann sahen Hjorvard und seine Männer einen großen Bären vor König Hrolfs Männern, der stets am nächsten zu dem König war. Er tötete mit seinen Tatzen mehr Männer als irgendwelche fünf der Meisterkrieger des Königs. Schläge und Geschosse glitten von ihm ab. Aber er schlug vor sich sowohl die Männer als auch die Rosse aus Königs Hjorvard Heer nieder und alles, was in seinen Weg kam, zerbiß er mit seinen Zähnen, sodaß in König Hjorvards Heer eine Panik ausbrach.

Dieser Bär ist der Berserker Bodvar Bjarki, dessen Name „Kampf-Heer" bedeutet und dessen Beiname „Bjarki" die Bedeutung „kleiner Bär" hat.
Dieser Bär ist wie die Berserker gegen Waffen gefeit.

Hjalti blickte um sich und konnte seinen Freund Bodvar nirgends sehen und sprach zu König Hrolf: „Was kann das bedeuten, daß Bodvar sich selber schützt und nicht zu seinem König kommt – solch ein Meisterkrieger, für den wir ihn hielten, und der immer seinem Ruf gerecht geworden ist?"

König Hrolf sprach: „Er wird dort sein, wo er am meisten gebraucht wird und wird uns helfen, wenn er es irgendwie vermag. Sieh nach Deinem eigenem Ruhm und Mut und verachte ihn nicht, denn niemand von euch ist seinesgleichen – und ich tadle euch nicht dafür, denn ihr alle seid tapfere Meisterkrieger."

Hjalti stürmte davon und heim zu dem Haus des Königs und sah dort Bodvar reglos sitzen.

Hjalti sprach: „Wie lange müssen wir noch auf den berühmtesten aller Meisterkrieger warten? Dies ist eine unglaubliche Schande! Warum stellst Du Dich nicht auf Deine eigenen zwei Füße und nutzt diese starken Arme, die Du hast und die so stark wie die eines Bären sind?! Auf, Bodvar Bjarki, mein Vorbild! Oder muß ich das Haus und Dich in ihm verbrennen? Dies ist eine himmelschreiende Schande: ein Meisterkrieger wie Du, und der König begibt sich selber in Gefahr für uns und Du zerstörst nun Deinen großen Ruf, den Du all' diese Zeit gehabt hast!"

Auch an dieser Stelle zeigt sich, daß der Verfasser dieses Textes nur noch ungenaue Vorstellungen darüber hatte, was ein Berserker ist.
Er beschreibt die Verwandlung des Bodvar in einen Bären wie eine Astralreise, bei der der Körper völlig reglos wird und der Astralkörper den physischen Leib verläßt und an andere Orte geht – so wie dies am Anfang der Heimskringla über Odin berichtet wird. Auch das Sichtbarwerden und die Tierverwandlung während einer Astralreise sind eher schwierige Fähigkeiten.

Bodvar stand mit einem Seufzer auf und sprach: „Es hat keinen Sinn, mich zu ängstigen, Hjalti, denn noch ängstige ich mich nicht, und nun bin ich bereit zu gehen. Als ich noch jung war, bin ich weder vor Eisen noch vor Feuer geflohen – Feuer habe ich selten erprobt, aber Eisen habe ich viele Male ertragen und bisher bin ich noch keinem der beiden unterlegen gewesen.

Und Du sollst die Wahrheit sagen: daß ich bis an mein Äußerstes gekämpft habe und daß König Hrolf mich immer den Besten vor seinen Männern genannt hat. Ich habe ihm viel zu vergelten, zuerst meine Frau und zwölf Lehen, die er mir gab, zusammen mit vielen wertvollen Schätzen.

Ich tötete den Berserker Agnar, der zudem kein geringer König war, und an diese Tat erinnert man sich."

Bodvar berichtete ihm die vielen großen Taten, die er vollbracht hatte, wie er der Tod vieler Männer gewesen ist, und versicherte ihm, daß er sich nicht fürchtete, in die Schlacht zu gehen, „und dennoch, ich denke, daß wir es hier mit etwas sehr viel Fremdartigerem zu tun haben, als wir jemals begegnet sind.

Aber Du bist dem König nicht so hilfreich gewesen, wie Du glaubst, als Du dies getan hast, denn ich hatte beinahe entschieden, welche Seite siegt – aber dies hast Du mehr durch Dein Unwissen als durch Deinen Wunsch, dem König zu schaden getan, und keiner der anderen Meisterkrieger außer Dir hätte mich herausrufen können – jeder andere wäre getötet worden.

Nun wird kein Plan mehr Erfolg haben, und das, was geschehen wird, wird geschehen.

Wahrlich, ich sage Dir, daß die Hilfe, die ich nun dem König noch geben kann, um ein Vielfaches kleiner ist als wie sie gewesen ist, bevor Du mich herausgerufen hast."

Bodvar hatte sich anscheinend für seinen „Bären-Zauber" in ein abgeschlossenes Haus zurückgezogen. Dies entspricht dem üblichen Verfahren bei einer Astralreise.

Bodvar hat offenbar seine „Bären-Magie" gegen die Jenseitswesen und die Zauberkräfte der Skuld eingesetzt.

Hjalti sprach: „Es ist sicher, daß ich mich um Dich und um König Hrolf sorge, aber es ist schwer zu wissen, was zu tun ist, wenn die Dinge sich so wie hier entwickelt haben."

Nach diesem Drängen von Hjalti erhob sich Bodvar und ging hinaus in die Schlacht. Der Bär war aus dem Heer verschwunden und die Schlacht begann sich gegen sie zu wenden.

Der Bär war nur solange da, wie Bodvar seine Magie ausübte, bzw. seinen Körper verlassen und sich in einen Bären verwandelt hatte.

Königin Skuld hatte keine ihrer Zauberkünste benutzt, solange der Bär in den Reihen des Königs Hrolf gewesen war, und saß dort in ihrem schwarzen Zelt auf ihrem Seid-Stand.

Die Zauberer und Zauberinnen und ebenso die Seherinnen setzten oder stellten sich beim Ausüben von Magie auf ein Podest.

Da veränderte sich die Situation so plötzlich wie die dunkle Nacht nach dem hellen Tag kommt.

Da sahen König Hrolfs Männer aus König Hjorvards Reihen einen riesigen Eber kommen. Er sah nicht kleiner als ein drei Jahre alter Stier aus und war von wolfsgrauer Farbe. Von jedem seiner Barthaare flog ein Pfeil und er durchschlug das Gefolge wie sonst nichts anderes auf der ganzen Erde und fällte sie im Dutzend.

Skuld beherrschte offenbar eine ganz ähnliche Magie wie Bodvar: Auch sie sitzt zurückgezogen in ihrem Zelt und sendet einen unbezwingbaren Eber in die Schlacht.

Vermutlich hatte sie die direkte Auseinandersetzung mit dem Bären des Bodvar gescheut, da wahrscheinlich derjenige, dessen Tier den Kampf verloren hätte, gestorben wäre – zumindestens ist dies die übliche Geschichte über solche Kämpfe bei den verschiedensten Völkern.

Das Schießen von Pfeilen aus Borsten wird in ähnlicher Weise auch als das Schießen von Pfeilen aus den Fingern der beiden Göttinnen Irpa und Thorgerdr berichtet.

Bodvar Bjarki pflügte Wege in seine Feinde, hackte mit seinem Schwert, das er mit beiden Händen ergriffen hatte, und sein einziger Gedanke war, soviel Schaden anzurichten wie irgend möglich, bevor er fiel. Da fielen sie in Scharen vor ihm, einer auf den anderen und beide seiner Arme waren bis zu den Schultern hinauf blutbespritzt und er schlug so viele, daß die Toten sich um ihn her auftürmten. Er stürmte voran, als ob er wahnsinnig wäre.

Aber wieviele Männer von Hjorvards und Skulds Heer er und Hrolfs übrige Meisterkrieger auch töteten – es ist unglaublich, aber dennoch wahr – verringerte sich nicht ihre Zahl und es war, als ob die Meisterkrieger nichts tun würden und sie konnten sich nicht erinnern, jemals etwas so seltsames erlebt zu haben.

Bodvar sprach: „Groß ist das Heer der Skuld und ich habe den Verdacht, daß die Toten sich wieder erheben und gegen uns kämpfen und daß es nicht leicht wird, gegen Zombies zu kämpfen. Wieviele Glieder wir auch abschlagen und Schilder zerhacken und Helme und Kettenpanzer spalten und wieviele Anführer wir niederschlagen – diese Toten sind die grimmigsten im Kampf und wir haben nicht die Macht, dem standzuhalten.

Aber wo ist nun der Meisterkrieger des Königs Hrolf, der am meisten meinen Mut in Frage stellte und nicht aufhörte, mich herauszurufen, bis ich ihm antwortete? Ich sehe ihn nicht – und ich bin keiner, der die Leute tadelt.“

Da sprach Hjalti: „Du hast die Wahrheit gesprochen, Du bist kein Verleumder. Hier steht der Mann, Hjalti mit Namen, und ich habe gerade einige Arbeit zur Hand. Wir sind nicht weit voneinander entfernt und ich brauche ein paar ritterliche Kerle, denn meine ganze Rüstung ist fortgeschlagen, Ziehbruder, aber ich glaube, ich übertreffe alle im Kampf – aber ich kann nicht mehr alle Schläge rächen. Aber dies ist nicht die

rechte Zeit, um sich zurückzuhalten, wenn wir heute Abend in Walhalla sein sollten –
und wir haben mit Sicherheit so etwas noch nie gesehen, obwohl wir genug Warnun-
gen hatten, was kommen würde."

Bodvar Bjarki sprach: „Höre, was ich sage: Ich habe in zwölf heftigen Schlachten
gekämpft und mein Mut ist nie angezweifelt worden und ich bin auch nie einem
Berserker ausgewichen. Ich habe König Hrolf gedrängt, König Adils zu besuchen und
wir sind dort der einen oder anderen Zauberkunst begegnet, aber das war nichts im
Vergleich zu dieser Bedrängnis – und da ist etwas, was mein Herz niederdrückt und
ich bin nicht mehr so begierig zu kämpfen wie vorher.

Ich bin König Hjorvard vorhin bei dem ersten Angriff begegnet und wir trafen auf-
einander und keiner von uns hat dem anderen Beleidigungen zugerufen. Wir schlugen
eine Weile mit Waffen aufeinander ein. Er gab mir einen Schlag, der nach Tod
schmeckte, aber ich hieb ihm einen Arm und ein Bein ab und traf ihn mit einem
weiteren Schlag auf seiner Schulter und schnitt durch seine Seite und seinen Rücken,
aber er tat lediglich einen Seufzer und schien ein bißchen zu schlafen, aber ich dach-
te, er sei tot – und es kann nicht viele wie ihn geben. Und danach kämpfte er kein
bißchen schwächer als zuvor und ich konnte nicht verstehen, was ihn aufrecht hielt.

Hier haben sich viele Männer gegen uns versammelt, Edle und Gemeine, die uns
von allen Seiten bedrängen, sodaß die Schilde sie kaum zurückhalten können, aber
ich kann nirgends Odin entdecken. Ich habe den starken Verdacht, daß er sich hier
irgendwo verbirgt – dieser dreckige, verräterische Teufel – und wenn ihn mir irgend-
jemand zeigen könnte, würde ich ihn wie jede andere elende, erbärmliche Maus
zerquetschen. Ich hätte einen nicht allzu ehrerbietigen Spaß mit dieser üblen, giftigen
Kreatur, wenn ich ihn nur zu packen bekäme – und wer hätte keinen Haß in seinem
Herzen, wenn er seinen Lehnsherrn so behandelt sähe wie wir den unseren?"

Bodvar scheint zwar kein Verehrer der alten Götter zu sein, aber sie sind für ihn
trotzdem eine Realität.

Es wird auch in einer anderen Stelle der Saga berichtet, daß König Hrolf Kraki und
seine Meisterkrieger weder auf die alten Götter noch auf den christlichen Gott,
sondern vor allem auf ihre eigene Stärke vertrauten.

Das Wiedererwecken von Toten ist ein Zauber, der den Seherinnen-Zauberinnen
vieler indogermanischer Völker nachgesagt wird. Er spielte besonders bei den Kelten
(Kessel der Cerridwen u.a.) und bei den Griechen (Medea u.a.) eine große Rolle.
Dieser Zauber, den auffälligerweise nur Frauen beherrschten, ist eine Umdeutung der
Wiedergeburt der Toten im Jenseits durch die Muttergöttin, deren Priesterinnen die
Seherinnen-Zauberinnen waren, die diese Wiedererweckung der Toten beherrschten.
Genau diese Rolle hat in dieser Saga die Norne/Zauberin Skuld inne.

Hjalti sprach: „Es ist nicht leicht, Wyrd zu ändern oder sich der Natur entgegen-

zustellen."

Und damit endete ihr Gespräch.

Die Macht des Wyrd („Schicksal") bzw. der Wyrd („Norne") ist aus der germanischen Mythologie gut bekannt. Die „Macht der Natur" ist hingegen ein Konzept, das eher aus der klassischen, griechisch-römischen Bildung des Verfassers dieser Saga stammen wird, da sich ein solches Konzept ansonsten nicht in den Mythen und Sagas der Germanen findet.

König Hrolf verteidigte sich gut und kriegerisch und mit einem Mut, der in all den Geschichten der Menschen nicht seinesgleichen findet. Sie bedrängten ihn hart und er war von den besten Truppen der Skuld und des Hjorvard umringt. Skuld war nun in den Kampf gekommen und trieb ihr Gesindel wild dazu an, König Hrolf anzugreifen, denn sie sah, daß seine Meisterkrieger nicht bei ihm waren. Dies bereitete Bodvar tiefen Kummer: daß er seinem Herrn nicht helfen konnte. Den anderen Meisterkriegern ging es genauso, denn sie waren genauso bereit, mit ihm zu sterben, wie sie es gewesen waren, mit ihm zu leben, als sie in der Blüte ihrer Jugend gestanden hatten.

Die Leibwache des Königs in seinem Gefolge war gefallen und niemand von ihnen stand noch und die meisten seiner Meisterkrieger waren tödlich verwundet, wie es nicht anders zu erwarten gewesen war.

... ...

Da kam solch ein Sturm von Zaubersprüchen, daß die Meisterkrieger zu fallen begannen, einer auf den anderen und König Hrolf fand sich außerhalb des Schildwalls wieder und fiel beinahe vor Erschöpfung um.

Der „Schildwall" ist eine Taktik, um den Anführer zu schützen. Dabei stehen die Krieger im Kreis um ihren König oder Fürsten und bilden mit ihren Schilden, deren Ränder sich überlappen, eine Mauer um ihn. Auf diese Weise hingen die Schilde der Wikinger auch an den Seiten ihrer Drachenschiffe und bildeten dort einen „Bordwall".

Es tut nicht not, dies weiter auszuspinnen: Dort fielen König Hrolf und seine Meisterkrieger mit großem Ruhm.

Aber welch ein Gemetzel hatten sie angerichtet! Worte können es nicht beschreiben. In der Schlacht fielen König Hrolf und seine Männer, aber nur wenige der Verräter lebten weiter mit Skuld.

Diese Saga ist letztlich eine ins Epische übertragene Verkündung des Todes eines Königs durch eine Walküre/Norne.

Skuld wurde in mehreren Texten nicht nur als Norne, sondern auch als Walküre angesehen. Der Unterschied zwischen beiden ist im Grunde auch nicht besonders groß: die Norne legt das Schicksal fest und verkündet es den Eltern des Neugeborenen, während die Walküre das Schicksal dem Betroffenen verkündet, wenn es an der Zeit ist, und dann auch das Eintreten dieses Schicksals bewirkt.

3. b)   Hrolf Kraki und seine Berserker

Das Folgende ist die Rache einer Königin für einen mißglückten Verführungs-Versuch:

Da schlug die Königin ihn mit einem Wolfsfell-Handschuh und sprach, daß er ab nun ein grimmiger und gruseliger Höhlenbär sein werde, „und Du wirst nichts anderes zur Nahrung haben als die Herden Deines Vaters. Du wirst sie alle in bisher nicht gehörten Mengen für Dich als Nahrung töten und Du wirst niemals diesem Zauberspruch entkommen. Das ist mein kleines Geschenk an Dich, damit Du Dich immer an mich erinnern wirst und das wird Dir schlimmer als alles andere erscheinen!"

Daraufhin verschwand Bjorn und niemand wußte, was aus ihm geworden war. Als sie bemerkten, daß er fort war, suchten sie nach ihm, aber er wurde natürlich nirgendwo gefunden. Und dann ist zu berichten, daß das Vieh des Königs zu Dutzenden getötet wurde und daß ein grauer Bär dies tat, der groß und gewalttätig war.

Eines Abends geschah es, daß die Tochter des Bauern (Bjorns Freundin) den grimmigen Bären sah. Der Bär näherte sich ihr und verhielt sich ihr gegenüber sehr sanft. Da meinte sie an dem Bären die Augen des Björn zu erkennen und lief nicht fort. Das Tier trottete von ihr fort und sie folgte ihm den ganzen Weg, bis sie zu einer Höhle kamen.

Und als sie in die Höhle ging, stand dort ein Mann und grüßte sie, Bera („Bärin"), die Tochter des Bauern. Sie sah, daß es Bjorn Hring-Sohn war und es war ein freudiges Zusammentreffen. Sie blieb eine Weile in der Höhle, denn sie wollte ihn nicht verlassen – nicht solange sie eine Wahl hatte. Es sagte, daß es nicht rechtens für sie sei, mit ihm zu leben, solange er tagsüber ein Tier war, auch wenn er des Nachts ein Mann war.

Das Schlagen mit einem Wolfsfell-Handschuh verwandelt einen Mann in einen Bären – es hat den Anschein, als ob auch hier Wolf und Bär bzw. Ulfhedinn und Berserker vermischt worden wären.

3. c) Zusammenfassung

Die absichtliche Verwandlung in einen realen Bären ist eine erste Stufe der Übertragung der konkreten Erfahrungen mit Berserkern in den Bereich der Saga.

Die zweite Stufe ist die Verwandlung eines Mannes durch eine „böse Zauberin" in einen Bären.

4. Krieger im Bärenfell

Im Gegensatz zu der konkreten Verwandlung in einen Bären, die nur in den Sagas vorkommt, ist das Tragen von Bärenfellen bei den Berserkern vermutlich weit verbreitet gewesen – schließlich bedeutet ihr Name „Bärenfell-Leute".

4. a) Kormak-Saga

Bersi saß normalerweise neben Thord, aber der Platz war schon besetzt. Dort saß ein groß und stark aussehender Mann, der einen Bärenfell-Umhang und eine Kapuze, die sein Gesicht verdeckte, trug.

4. b) Gesta danorum

„Ist es der Riese, der dem König verhaßte,
der die Mitte des Weges mit seinen Schritten überschattet?
Kühne Krieger haben sich oft
unter den Fellen von Raubtieren verborgen."

Die Krieger in Raubtier-Fellen sind Berserker in Bärenfellen und Ulfhedinn in Wolfsfellen.

4. c) Die Saga über An Bogen-Bieger

An mußte dort im Norden oft mit Fell-tragenden Trollen kämpfen.

Diese „Fell-tragenden Trolle" sind eine weitere Stufe der Umdeutung der Berserker zu Gruselgestalten in den Sagas.

4. d)   Bronzeplatte von Torslunda

Auf der Insel Öland, die 6 km von dem südostschwedischen Festland entfernt liegt, wurden vier bronzene Platten gefunden, die als Matrize zur Herstellung von kleinen, geprägten Goldblechen („Goldgubber") dienten.

zwei Kämpfer mit Eber-Helm

Krieger mit Vogelkopf-Hörner-Helm und Wolfsfell-Krieger (Ulfhedinn)

Krieger und zwei Bären

Krieger hält Ungeheuer an einem Seil

Diese Bärenkampf-Darstellungen stehen möglicherweise mit dem Erlangen der Berserker-Fähigkeiten in Zusammenhang – schließlich mußten die Berserker ihr Bärenfell irgendwoher erhalten. Und es ist recht unwahrscheinlich, daß sie es auf dem Markt gekauft haben …

4. e)   Gesta danorum

Während er noch den Triumph dieser Mut-Taten genoß, versorgte ihn ein Tier des Waldes mit frischen Lorbeeren, denn er traf in einem Dickicht einen großen Bären und tötete ihn mit dem Speer. Er gebot seinem Gefährten Hjalte, seine Lippen an das Tier zu legen und das Blut zu trinken, das aus ihm herausfloß, damit er dadurch stärker werden würde, denn man glaubte, daß ein solcher Trank die Körperkraft verstärken würde.

Es ist ausgesprochen wahrscheinlich, daß das Trinken des erlegten Bären auch zu der erfolgreichen Bärenjagd eines angehenden Berserkers gehört haben wird.

4. f)   Zusammenfassung

Die Berserker trugen oft ein Bärenfell als ihr Kennzeichen. Sie werden den Bären, von dem dies Fell stammte, recht sicher selber getötet haben. Bei dieser Gelegenheit werden sie auch das Blut des Bären getrunken haben, um dessen Kraft zu erhalten.

Die Berserker-Ekstase ist demnach zumindestens ursprünglich einmal eine Identifizierung mit einem Bären gewesen.

5. Tyr der Berserker

Es ist anzunehmen, daß ein solch markanter Aspekt der Kriegsführung wie die Berserker-Wut auch zu einem Aspekt der Mythen des jeweiligen Kriegsgottes geworden sein wird. Dieser Kriegsgott ist bei den Nordgermanen bis 500 n.Chr. der ehemalige Sonnengott-Göttervater Tyr gewesen. Anschließend war Odin der nordgermanische Kriegsgott. Diese Rolle hat Odin seit ungefähr Christi Geburt auch schon bei den Südgermanen innegehabt. In Island hat ab ca. 800 n.Chr. nach und nach Thor die Rolle des Kriegsgottes übernommen.

Es ist also gut denkbar, in den überlieferten Mythen Spuren von Tyr als Berserker-Gott zu finden.

5. a) Wortschatz

Der Begriff „*jötun-modr*" bedeutet „Riesen-Wut". Da der wichtigste Riese der ehemalige Sonnengott-Göttervater Tyr in der Unterwelt ist, könnte sich dieser Begriff ursprünglich vor allem auf Tyr als den Kriegsgott bezogen haben.

Es gibt einen zweiten, recht ähnlichen Begriff, der „*as-megin*" lautet und wörtlich „Asenkraft" bedeutet. Er wird für Thor benutzt, wenn er sich seinen Kraftgürtel anlegt oder manchmal auch ohne diesen Gürtel „in seine Asenkraft fährt".

Es wäre denkbar, daß diese Asenkraft ursprünglich die Kampfekstase des Tyr gewesen ist, die dann nach dessen Absetzung um 500 n.Chr. auf Thor übertragen worden ist. Die „Riesen-Wut" könnte diese „Asenkraft" des Tyr sein, die zu einen „Riesen-Wut" umgedeutet wurde, als Tyr, der einst jeden Tag als Sonne durch das Diesseits und das Jenseits fuhr, bei seiner Absetzung in einen „guten Tyr" in Asgard, der zu einem Odin-Sohn wurde, und in einen „bösen Tyr" in Utgard, der eine Fülle neuer Namen (Geirröd, Hrungnir, Mimir, Thrym usw.) erhielt.

Es wäre gut denkbar, daß diese vermutete „Asenkraft" des Tyr die Berserker-Ekstase gewesen ist – sicher ist dies jedoch nicht.

5. b) Die Saga über Thorstein Viking-Sohn

Loge war der schönste der Männer und seine Stärke und seine Größe glich der seiner Verwandten, der Riesen, von denen er abstammte. Seine Frau war Glöd, eine Tochter des Grim von Grimsgard, das in Jötunheim im Norden liegt; und zu jener Zeit wurde Jötunheim Elivagar genannt. Grim war ein sehr großer Berserker. Seine Frau war Alvor, eine Schwester Alfs des Alten.

Jötunheim und Elivagar sind das Jenseits im hohen Norden. Grim ist u.a. ein Beiname des ehemaligen Göttervaters Tyr und seines Nachfolgers Odin. Auch Alf der Alte ist eine Saga-Variante des Tyr. Loge ist schließlich zusammen mit Kari und Hler einer der drei Söhne des Tyr-Fornjotr. Es ist somit recht wahrscheinlich, daß Tyr einst als Berserker angesehen worden ist.

5. c) Gautrek-Saga

So berichten diese Verse darüber: „Wir rückten begierig in den Lärm der Schlacht vor – König Vikars Männer. Ulf und Erp waren beide dort zu sehen und ich kämpfte ohne jede Rüstung mit beiden Händen."

Das Kämpfen ohne Rüstung ist in der Regel ein Hinweis auf eine Kampfekstase. Die Ich-Person ist in diesem Text Starkad, der eine Saga-Variante des Tyr ist.

5. d) Die Saga über Hervor und König Heidrek den Weisen

Einst lebte ein Mann, der Arngrim genannt wurde. Er war ein Riese und ein Felsenbewohner. Er nahm Ama, Ymirs Tochter aus Ymir-Land, zur Frau.

„Arngrim" bedeutet „Adler-Maskenhelm". Da der Adler der Seelenvogel des Göttervaters Tyr/Odin ist, könnte Arnhelm der ehemalige Göttervater Tyr sein. Vermutlich ist er mit dem Arngrim, der der Vater der zwölf Berserker-Brüder ist, identisch.
Ymir ist der Urriese, der mehrfach mit dem ehemaligen Göttervater Tyr assoziiert oder gar gleichgesetzt wurde.
Ama ist eine sonst nur noch aus den Thulur bekannte Riesin. Ihr Name bedeutet „die Ärger macht" oder „Mutter".

Ihr Sohn war Hergrim, der 'Halbtroll' genannt wurde. Er lebte manchmal bei den Bergriesen und manchmal bei den Menschen. Er hatte die Stärke eines Riesen. Er kannte alle geheimen Künste und war ein Berserker.
Er ging nach Jotun-Heim und nahm Ogn Alfen-Bruch mit heim und machte sie zu seiner Frau. Der Sohn der beiden war Grim. Zuvor war sie Starkad Krieger-Sohn versprochen gewesen.

Der Beiname „Alfen-Bruch" ist unklar. Dieser Bruch könnte ein Bruch, ein Stein-schlag, ein Vulkanausbruch und noch einiges anderes sein – was aber jedoch alles keinen rechten Sinn ergibt. Vielleicht ist mit diesem Namen gemeint, daß Ogn der Grund für den Streit und den Bruch zwischen den Alfen gewesen ist – Ogn ist eine Gestalt der Freya, um die sich Tyr/Heimdall/Odin und Loki streiten.

Der Frauenraub und der Streit um eine Frau zwischen Hergrim und Starkad erinnert an den Streit um Freya bzw. um ihren Halsreif Brisingamen zwischen Tyr/Heimdall/ Odin und Loki. Dies ist eine der vielen Varianten des ewigen Kampfes zwischen dem 'Sommer-König' Tyr und dem 'Winter-König' Loki.

Es fällt die Reihe der „Grims" auf: Großvater Arngrim – Vater Hergrim und Sohn Grim. Bei dieser Reihe von „Maskenhelm-Kriegern" könnte es sich, wenn es sich hier tatsächlich um eine ehemalige Tyr-Mythe handeln sollte, um die Reinkarnationen des Tyr handeln, die allgemein als dreimaliges Ereignis oder als drei Generationen dargestellt worden ist (siehe „3" in Band 47).

Starkad ist ein Beiname des ehemaligen Göttervaters Tyr.

Diese Verfasser dieser Geschichte scheint die Vorstellung gehabt zu haben, daß Tyr bzw. dessen spätere Saga-Varianten Berserker gewesen sind.

5. e) Der Rosengarten

Sowohl Dietrich von Bern als auch Siegfried (Sigurd) sind Saga-Varianten des Tyr. Dietrich geht über Theoderich und den Bogenschützen Egil auf Tyr zurück. Dietrich ist in der Lage, die Berserker-Wut in sich zu erzeugen.

Da es von Tyr bis zu Dietrich eine lange Reihe von Verwandlungen und Umdeutun-gen gegeben hat, kann man die Kampf-Ekstase des Dietrich nicht als Beleg dafür nehmen, daß Tyr ein Berserker gewesen ist – aber dieser Text fügt sich immerhin gut in die Schlußfolgerungen aus den vorigen Texten.

Siegfried der Edle / war ein starker Mann,
Jetzt lief er gewaltig / Dietrichen an:
Er schlug ihm eine Wunde / durch seinen Eisenhut,
Daß man hernieder rinnen / ihm sah das rote Blut.

„Wie hält sich unser Herre?", / frug heimlich Hildebrand.
„Er ficht leider übel, " / sprach Wolfhart allzuhand:
„Eine tiefe Wunde hat er / durch seinen Eisenhelm,
Er ist mit Blut beronnen, / er ficht recht wie ein Schelm. "

„Er ist noch nicht im Zorne," / *sprach da Hildebrand.*
„Nun ruf in den Garten, / *Du kühner Weigand,*
Und sag, ich sei gestorben, / *er habe mich erschlagen:*
Wenn das ihn nicht erzürnet, / *dann mögen wir wohl klagen."*

Wolfhart rief in den Garten / *daß weit die Luft erscholl:*
„O weh mir meines Leides, / *das ist so groß und voll!*
Hildebrand ist erstorben, / *wir müssen ihn begraben:*
O weh, Du Vogt von Berne, / *was hast Du ihn erschlagen!"*

„Ist Hildebrand gestorben," / *rief der Berner gleich,*
„So findet man an Treue / *keinen, der ihm gleich.*
Nun hüte Deines Lebens, / *Siegfried, kühner Mann,*
Es ist mein Scherz gewesen / *was ich noch stritt bis heran.*

Wehr Dich aus allen Kräften / *es tut Dir wahrlich Not.*
uns beide scheidet niemand / *als des einen Tod.*
Ich hab um Deinetwillen / *verloren einen Mann,*
Den ich bis an mein Ende / *nimmer verwinden kann."*

Da sprach der kühne Siegfried: / *„Des Dreuens treibt ihr viel.*
Was ihr mit mir streitet, / *das ist mir nur ein Spiel.*
Der hat zuletzt den Schaden, / *der sein am Haupt entgilt."*
Da liefen wieder beide / *gegeneinander wild.*

Wie ein Haus das dampfet, / *wenn man es zündet an,*
So mußte Dietrich rauchen, / *der zornige Mann.*
Eine rote Flamme sah man / *gehn aus seinem Mund:*
Siegfrieds Horn erweichte: / *Da ward ihm Dietrich erst kund.*

Er brannte wie ein Drache, / *Siegfrieden ward so heiß,*
Daß ihm vom Leibe nieder / *durch die Ringe floß der Schweiß.*
Den edlen Vogt von Berne / *ergriff sein grimmer Zorn,*
Er schlug dem kühnen Siegfried / *durch Harnisch und durch Horn,*

Daß ihm das Blut, das rote, / *herab sprang in den Sand:*
Siegfried mußte weichen, / *wie kühn er eben stand.*
Er hatt ihn hin getrieben, / *jetzt trieb ihn Dietrich her:*
Das sah die schöne Kriemhild, / *die begann zu trauern sehr.*

Da sprach Frau Brunhilde: / „Herr Dietrich ist im Zorn,
Siegfrieden mag nicht helfen / sein Harnisch noch sein Horn.
Ich seh die Ringe stieben / von dem kühnen Mann,
Sein Blut seh ich fließen, / um den Helden ists getan.“

Der Berner schnitt die Ringe / als wär es faules Stroh;
Zum ersten Mal im Leben / sah man, daß Siegfried floh.
Da jagt' ihn durch die Rosen / der Berner unverzagt.
Nun säumte sich nicht länger / die kaiserliche Magd.

Es ist offenbar notwendig, die Berserker-Wut durch heftige Gefühle in Gang zu bringen.

5. f) Saga über Hovard von den Eisfjord-Leuten

Nun ist zu erzählen, dass Olaf auf Blaumyr zu einem hoffnungsvollen Jüngling her-
anwuchs. Es heißt von ihm, er habe Blut so warm wie ein Bär im Leibe gehabt; denn
so heftig auch die Kälte sein mochte, er hatte nie andere Kleider an, als seine Bein-
kleider und ein Hemd, das in diese hineingesteckt war, und niemals ging er anders
gekleidet vom Hofe fort.

Die innere Hitze („Bärenhitze"), das Essen von glühenden Kohlen und die Feuerläufe sowie der häufige Hinweis, daß die Berserker weder von Feuer noch von Eisen
verletzt werden können, zeigt, daß auch das Feuer ein wichtiges Element in der
Berserker-Ekstase ist.

In dem Kapitel „Kundalini" in Band 64 wird gezeigt, daß sich diese Ekstase aus
dem indogermanischen Kundalini-Yoga (tibetisch: „Tummo") entwickelt hat. Auch
die Feuer-Rituale und die Feuerlauf-Rituale sind mit dieser Symbolik eng verwandt.

5. g) Unverwundbarkeit

Es gibt viele Szenen, in denen Könige oder Krieger gegen Eisen-Waffen gefeit sind
und nur durch besondere Maßnahmen wie dem Bewerfen mit Steinen oder durch
besondere Waffen wie z.B. einer hölzernen oder goldenen Keule getötet werden
können. Diese Könige und Krieger gehen sehr wahrscheinlich alle auf den ehemaligen Sonnengott-Göttervater Tyr zurück, der als Göttervater und Kriegsgott natürlich

unbesiegbar gewesen ist. Als Sonnengott starb er jedoch jeden Abend – er konnte also nur fast unbesiegbar sein, d.h. es mußte einen „besonderen Tod" geben, gegen den er nicht gefeit war.

Das „gegen Feuer und Eisen gefeit sein" der Berserker könnte daher von Tyr stammen, der als Kriegsgott und Schwertgott nicht durch das Schwert getötet werden konnte – und wer könnte einen Sonnengott durch Feuer töten?

Siehe dazu auch das Kapitel „Unverwundbarkeit" in Band 64.

5. h) Zusammenfassung

Vermutlich ist der ehemalige Göttervater Tyr bis zu seiner Absetzung um 500 n.Chr. der Schutzgott der Berserker gewesen. Dafür spricht auch seine enge Verbindung zu den Ulfhedinn, also zu der zweiten Gruppe der germanischen Ekstase-kämpfer.

Sehr wahrscheinlich ist auch Tyr selber als Berserker angesehen worden.

Sowohl Tyr als auch die Berserker sind „gegen Feuer und Eisen gefeit".

6. Die Berserker des Odin

Aus den bisherigen Betrachtungen heraus läßt sich nicht entscheiden, ob Odin bereits vor 500 n.Chr. als Kriegsgott der Südgermanen auch der Gott der Berserker gewesen ist oder ob Odin diese Qualität erst um 500 n.Chr. von Tyr übernommen hat.

6. a) Heimskringla

In diesem mythologisch-historischen Werk werden die magischen Fähigkeiten des Odin beschrieben.

Der Mönch Saxo bemüht sich dabei redlich, alle magischen und göttlichen Aspekte des Odin zu rationalisieren.

Als Odin aus dem Asen-Land nach Norden kam und mit ihm die Diar-Priester (Njörd und Freyr), *zeigten und lehrten sie den Leuten die Künste, die diese anschließend für lange Zeit ausübten.*

Odin war der geschickteste von allen und von ihm lernten all die anderen seine Künste und seine Fähigkeiten – und er kannte sie als erster und kannte viele mehr von ihnen als andere Menschen.

Aber nun müssen wir, um zu erklären, warum er in so hohem Ansehen stand, verschiedene Gründe erklären, die dazu beigetragen haben.

Wenn er mit Freunden zusammensaß, war sein Angesicht so schön und ehrwürdig, daß davon der Geist von allen erhoben wurde, aber wenn er im Krieg war, erschien er seinen Feinden gar schrecklich. Dies konnte er, weil er in der Lage war, seine Haut in jeder gewünschten Weise zu verändern.

Ein anderer Grund war, daß er so geschickt und sanft sprach, daß alle, die ihn hörten, ihm Glauben schenkten. Er sprach alles in Reimen – so wie die, die heute gedichtet werden und die wir Skaldenkunst nennen. Er und seine Tempel-Priester (Njörd und Freyr) *wurden „Lieder-Schmiede" genannt, denn von ihnen kam diese Art von Liedern in die Nord-Länder.*

Odin konnte seine Feinde in der Schlacht erblinden oder taub werden oder sie in Panik fallen lassen und ihre Waffen so stumpf machen, daß sie mit ihnen nicht mehr als mit einer Weidenrute ausrichten konnten. Andererseits stürmten seine Männer ohne Rüstung vorwärts und waren wahnsinnig wie Hunde oder Wölfe, bissen in ihre Schilde und waren stark wie Bären oder wilde Stiere und töteten Menschen mit einem einzigen Schlag, aber weder Feuer noch Eisen konnte sie selber beißen. Sie wurden Berserker genannt.

Hier werden die meisten der bereits berichteten Merkmale der Berserker zusammengefaßt: das „in den Schild beißen" beim Hervorrufen der Berserker-Wut, die Verbindung mit Bären und Wölfen, die Ekstase („wahnsinnig"), die große Stärke und schließlich noch die Unverwundbarkeit durch Eisen und Feuer.

6. b)   Gylfis Vision

Da nahmen die Asen Baldurs Leiche und brachten sie zur See. Hringhorni hieß Baldurs Schiff, es war aller Schiffe größtes. Das wollten die Götter vom Strande stoßen und Baldurs Leiche darauf verbrennen; aber das Schiff ging nicht von der Stelle.

Da wurde gen Jötunheim nach dem Riesenweib gesendet, die Hyrrokkin hieß, und als sie kam, ritt sie einen Wolf, der mit einer Schlange gezäumt war.

Als sie vom Rosse gesprungen war, rief Odin vier Berserker herbei, es zu halten; aber sie vermochten es nicht anders als indem sie es niederwarfen.

„Hyrrokkin" bedeutet „Rußgeschwärzte" und ist ein Beiname der Hel. Sie reitet auf ihrem Bruder, dem Fenris-Wolf, den sie mit ihrem Bruder, der Riesenschlange Jörmungandr zügelte.

Die Berserker, die Odin herbeiruft, könnten „Odins Berserker" sein, also unter Odins Schutz stehen.

Da der Name „Odin" die Bedeutung „Ekstase, Wut" hat und Odin sowohl ein Priester-Schamane als auch ein Krieger ist, ist anzunehmen, daß die Wut des Wotan/Odin sowohl die religiöse Ekstase (Anrufung, Astralreise u.ä.) als auch die Kampf-Ekstase ist.

6. c)   Skaldskaparmal

Dieselbe Szene wird in einem Lied des Ulfr Uggason geschildert:

Die allermächtigste Berg-Hild
schob den Meeres-Sleipnir vorwärts,
während die Beschaffer der Macht des Feuers
des Helmes des Hroptr ihr Roß niederwarfen.

Hild = Walküre; Berg-Walküre = Riesin (hier Hel-Hyrrokkin)
Sleipnir = Odins Roß; Meeres-Roß = Schiff (hier Baldurs Schiff Hringhorni)

Feuer des Helmes = Schwert; Macht des Schwertes = Kampfkraft = Kampfekstase; Beschaffer der Kampfekstase = Berserker; Hroptr = Odin; => Berserker des Odin
Roß einer Riesin = Wolf

6. d) Ketil Forelle

Dann kam der Wikinger-König Franmar nach Rabennest. Er war ein überzeugter Heide und ihn biß kein Eisen. Er herrschte über ein Königreich, das von Hunaveld bis nach Gestrekaland reichte. Er führte seine Opferungen in Arhaug durch. Kein Schnee bleib auf seinem Hügelgrab liegen.

Sein Sohn war Bodmod, der einen großen Hof bei Arhaug besaß und ein beliebter Mann war, während alle Franmar alles Üble wünschten.

Odin hatte es dem Franmar bestimmt, daß ihn kein Eisen biß.

„Arhaug" bedeutet „Adler-Hügel" und ist eine Umschreibung für den Opferplatz an den Adler-Seelenvogel des Tyr, der in dem Hügel, d.h. in dem Hügelgrab wohnt. Eine solche Opferszene an den Tyr-Adler wird z.B. am Anfang der Thiazi-Mythe beschrieben.

Franmar opfert also dem Tyr und ist ein Berserker. Andererseits hat Odin dem Franmar die Gabe verliehen, gegen Eisen gefeit zu sein. Anscheinend stammt diese Szene aus einer Zeit, in der die Berserker-Gabe von Tyr zu Odin gewechselt ist.

6. e) Zusammenfassung

Spätestens ab 500 n.Chr., als Tyr durch Odin und Thor als Göttervater der Nordgermanen abgesetzt worden ist, wurde Odin als der Gott der Berserker angesehen.

7.   Thors Asenstärke

Auch Thor verfügt über eine besondere Stärke, die er in sich wachrufen kann.

7. a)   Thorsdrapa

Als die Krieger, denen ein Geist der Stärke verliehen worden war,
das Haus des Thorn betraten,
gab es ein großes Geschrei unter den Walisern
der Höhle mit den runden Wänden.

Die „Krieger" sind Thor, Thialfi und Loki. Mit dem „Geist der Stärke" ist gemeint, daß sie sich in Kampfekstase befanden, d.h. daß sie zu Berserkern bzw. zu Ulfhedinn geworden waren.

„Thorn" bedeutet „Dorn" und ist eine Bezeichnung für ein Schwert und ein Beiname des Tyr-Geirröd, der hier unliebsamen Besuch von Thor erhält.

Die „Waliser der Höhle" sind die Riesen in der Grabkammer des Tyr-Thorn-Geirröd.

7. b)   Heitis

Thor heißt Schrecklicher
und Asenfürst,
dann auch Lang-Stirn
und Einzel-Reiter,
Bär, Laut-Reiter
und Stark-Schützer,
Kampf-Thor und Wahrhaftiger,
Tempel-Bewohner und Lärmer.

Thors Beiname „Bär" läßt vermuten, daß er auch zu einem Berserker werden konnte.

7. c)   Hymir-Lied

In diesem Lied wird Thors Asenkraft geschildert.

Aber der Jötun, wie immer trotzig,
Stritt auf neue mitt Thor um die größ're Stärke:
Der Macht ermangle der Mann, wie er auch rud'ern könne,
wenn er den Kelch dort nicht zerbrechen kann.

Als der dem Hlorridi zu Händen kam,
Zerstückt er den starrenden Stein damit:
Sitzend schleudert er durch Säulen den Kelch;
In Hymirs Hand doch kehrt er heil.

Aber die freundliche Frille lehrt ihn
Wohl wichtgen Rat: sie wußt ihn allein:
„Wirf ihn an Hymirs Haupt: härter ist das
Dem kostmüden Jötun als ein Kelch mag sein. "

Der Böcke Gebieter bog die Knie
Mit aller Asenkraft angetan:
Doch brach alsbald der Becher entzwei.
Heil dem Hünen blieb der Helmsitz.

> Jötun = Riese = Hymir
> Hlorridi = „lauter Reiter" = Thor
> Frille = Tyrs Mutter
> der Böcke Gebieter = Thor
> Asenkraft = Thors Kraft =?= Berserkerkraft
> Hüne = Riese = Hymir
> Helmsitz = Kopf

7. d)   Skaldskaparmal

In der Regel erhält Thor seine Asenstärke dadurch, daß er sich seinen Kraftgürtel anlegt. Dieser Kraftgürtel ist ein umgedeuteter Priestergürtel – aus den Priesterhandschuhen wurden Thors Eisenhandschuhe und aus dem Priesterstab („Zauberstab") der Stab, den er von Grid erhalten hat.

Unterwegs nahm Thor Herberge bei einem Riesenweib, das Grid hieß. Sie war die Mutter Widars, des Schweigsamen. Sie sagte dem Thor die Wahrheit über Geirröd, er sei ein gemeiner und übel umgänglicher Jötun. Auch lieh sie ihm ihren eigenen Stärkegürtel und ihre Eisenhandschuhe und ihren Stab, Gridarwöl genannt.

Thors Asenstärke wird hier magisch-technisch mit einem Zauber-Gegenstand erklärt und ist nicht mehr eine dem Thor innewohnende Fähigkeit. Derartige magisch-technische Motive sind ein sicheres Zeichen dafür, daß ein älteres Motiv umgedeutet und in einen neuen Zusammenhang gestellt worden ist:

Man übernahm den Gegenstand mit seinen Eigenschaften, aber man sah den Gegenstand nicht mehr als Symbol für eine Fähigkeit an, sondern die Fähigkeit als etwas, was in diesem Gegenstand enthalten war. Auf diese Weise ist auch der Seherstab zum Zauberstab geworden.

Daraus ergibt sich, daß Thor diese Asenstärke mit großer Wahrscheinlichkeit von jemand anderem übernommen hat, dessen Mythen zerstört worden sind – und das kann nur Tyr sein.

7. e)   Gylfis Vision

Sein anderes Kleinod ist der Kraftgürtel, Megingiardar genannt: wenn er den um sich spannt, so wächst ihm die Asenkraft noch um die Hälfte.

7. f)   Gylfis Vision

Da glaubte Thor zu verstehen, welchen Lärm er in der Nacht gehört hatte, und umspannte sich mit den Stärkegürteln. Da wuchs ihm die Asenstärke. Währenddessen erwachte der Mann und stand hastig auf. Und da wird gesagt, daß Thor dieses eine Mal nicht gewagt habe, mit dem Hammer nach ihm zu schlagen.

Der Lärm war das Schnarchen des Tyr-Riesen Skirnir, der so groß war, daß sich selbst Thor vor ihm fürchtete.

7. d) Zusammenfassung

Die Verbindung des Thor zu den Berserkern ist im Vergleich zu Tyr und Odin eher lose. Sie tritt bei ihm in dem Motiv der Asenstärke auf, die er meistens durch seinen Kraftgürtel erlangt.

Thor hat das Motiv der „besonderen Stärke" sehr wahrscheinlich von Tyr übernommen, als er ihn zusammen mit Odin um 500 n.Chr. als nordgermanischen Göttervater abgesetzt hat.

8.   Die Berserker des Königs

Die Berserker waren in manchen Fällen an das Königtum gebunden – eine Gruppe von Berserkern war manchmal die Elitetruppe eines Königs.

8. a)   König Olaf der Ruhmreiche

Am Bug standen die stärksten und erfahrendsten seiner Männer als Vordersteven-Verteiger. Sie waren mit Schwertern und Speeren bewaffnet und schützten sich mit ihren Schilden. Unter ihnen stand auch Olafs Standarten-Träger, um den sie sich in der Kampfordnung gruppiert hatten.

Achtern (hinter) von dem Platz, der von den Vordersteven-Verteidigern besetzt worden war, standen die Berserker und hinten ihnen die Speermänner, Bogenschützen und Steinwerfer.

Hier werden die Berserker als eine ganz normale Abteilung der Besatzung eines Drachenschiffes geschildert, die dem König unterstand.

8. b)   Die Saga über König Harald Haarschön

Der Schiffsteil vom Vordersteven bis zur Mitte wurde 'Rausn' genannt; dort waren die Berserker.

Die Berserker standen auf den Drachenschiffen offenbar stets an derselben Stelle hinter dem Vorschiff. Sie waren anscheinend die „Angreifer in der zweiten Reihe" hinter den sich mit Schilden schützenden Männern am Bug.

8. c)   König Olaf der Ruhmreiche

Olaf gebot Kolbiörn zum Vorschiff zu gehen und seine Berserker und Bogenschützen zu befehligen.

Auch hier stehen die Berserker in der Nähe des Vorschiffs oder auf ihm.

8. d) Egil-Saga

Kein Mann war auf des Königs Schiff vor dem Mast unverwundet außer denen, die Eisen nicht biß, nämlich die Berserker.

Auch hier stehen die Berserker „vor dem Mast", also vermutlich hinter dem Vorschiff.

8. e) König Olaf der Ruhmreiche

Olaf selber stand am Bug seines Drachenschiffes, wo er von seinen Berserker umgeben war, die ihn mit seinen Schilden schützten, und sandte kaltblütig Pfeil auf Pfeil aus seinem Köcher mit nie fehlgehender Sicherheit in die Mitte der Inselbewohner.

Hier bilden die Berserker den Ringwall rings um den König – ähnlich wie in der bereits ausführlich angeführten Saga über König Hrolf Kraki.
Auch hier stehen die Berserker am Bug – d.h. in Bugnähe, da am Bug selber gar kein Platz für einen Ringwall ist, in dem ein Mann noch genügend Raum zum Bogenschießen hat.

8. f) Heimskringla

Berdlukare zog in den Norden nach Trondheim zu König Harald und wurde sein Mann; und er war ein schrecklicher Berserker.

8. g) Bruchstück einer Saga über einige frühe Könige in Dänemark und Schweden

Auf der anderen Seite des Heeres des Königs Harald war die Schild-Maid Heid mit ihrer Standarte und sie hatte ihre hundert Recken bei sich.
Ihre Berserker waren Grim, Geir, Holmstein, Eysoduk, Hedinn der Schlanke, Dag von Lifland und Harald Olafson.

Hier bilden sieben Berserker eine Gruppe innerhalb einer Hundertschaft von Kriegern in einem Heer.

8. h)   Hrafnsmal

Hört, ihr Edlen,
während ich
Harald den Ruhmreichen
und seine Waffentaten feiere!
Ich werde euch die Worte berichten,
die ich eine schöne, goldhaarige Maid
sagen hörte,
als sie mit einem Raben sprach.

Die Walküre rühmte sich ihrer Weisheit;
die kriegerische Maid
fand keinen Gefallen an Männern,
denn sie kannte die Sprache der Vögel.
Mit weißer Kehle
und blitzenden Augen
grüßte sie den Schädelpicker des Hymir,
der auf einem Felsvorsprung saß.

Hymir = (toter) Tyr-Riese; der, der an seinem Schädel pickt = Rabe

„Wie geht es Dir, Rabe?
Woher bist Du am Morgen
mit blutigem Schnabel gekommen?
An Deinen Krallen hängt abgerissenes Fleisch
und aus Deinem Mund kommt der Geruch von Aas.
Ich bin mir gewiß,
daß Du die Nacht inmitten einer Gegend
voller Leichen verbracht hast."

Der Eidbruder des Adlers
schüttelte sein dunkles Gefieder,
wischte seinen Schnabel
und erdachte diese Antwort:
„Wir sind,
seit wir aus dem Ei geschlüpft sind,
Harald Halfdan-Sohn gefolgt,
dem jungen Sproß des Yngvi.“

… … …

„Ich möchte Dich
nach der Stellung
der Berserker befragen,
Du, der Du
die Leichen schmeckst
– welche Versorgung erhalten
die kriegerischen Helden,
die in die Schlacht ziehen?“

„Sie werden Ulfhedinn genannt,
die blutige Schilde in der Schlacht tragen.
Sie röten ihre Speere, wenn sie den Kampf beginnen
und sie handeln alle gemeinsam wie ein Leib.
Ich zweifle nicht daran,
daß es alles erprobte Männer sind, die ohne zu zögern kämpfen,
auf die der weise König
bei solchen Gelegenheiten vertraut.“

Hier werden die Berserker und die Ulfhedinn einander gleichgesetzt.

Es ist interessant, daß die Berserker „wie ein Leib" kämpfen – es gab also anscheinend trotz der Kampf-Ekstase für die Berserker die Möglichkeit der Kooperation miteinander. Allerdings ist diese eine Textstelle nicht ausreichend, um das sicher sagen zu können.

8. i) Hrolf Kraki und seine Berserker

Svipdag kam zu am Abend zu König Adils Festung. Er sah, daß vor der Halle Spiele im Gange waren und daß dort König Adils auf einem großen Goldthron saß und seine Berserker neben ihm waren.

Als Svipdag zu der Palisade kam, sah er, daß das Tor verschlossen war, da es üblich war, daß die Leute um Erlaubnis baten, eintreten zu dürfen. Doch darum kümmerte sich Svipdag nicht. Er brach das Tor nieder und ritt einfach in den Hof.

Der König sprach: „Dieser Mann ist ein rücksichtsloser Reiter. Das hat vor ihm noch niemand versucht. Vielleicht ist er so hart, daß er das nicht als eine Herausforderung ansieht."

Da begannen die Berserker sofort wütend zu heulen, denn sie fanden, daß er sich sehr anmaßend verhielt.

Svipdag ritt zu dem König und grüßte ihn höflich – er kannte das Benehmen am Hofe.

König Adils frug ihn, wer er sei.

Er stellte sich selber vor.

Der König erinnerte sich an seinen Vater und alle vermuteten, daß er ein großer Krieger sein muß, ein herausragender Mann.

Die Berserker blicken ihn übelgesonnen an und sagen zu dem König, daß sie ihn jetzt erproben werden.

Der König sprach: „Ich glaube nicht, daß er jemand ist, den man umherstoßen kann, aber es ist mir trotzdem recht, wenn ihr in auf die Probe stellen und sehen wollt, ob er so gut ist, wie er von sich selber denkt."

Da gingen sie alle in die Halle.

Die Berserker traten zu Svipdag und frugen ihn, ob er sich für einen Helden halte, da er derart groß tue.

Er antwortete, daß er so gut wie ein jeder von ihnen sei.

Daraufhin wuchs ihr Ärger und ihre Kampfeswut nur noch weiter an, doch der König sagte, daß sie sich für diesen Abend wieder beruhigen sollten.

Die Berserker blickten finster drein und heulten und sprachen zu Svipdag: „Wagst Du es, gegen uns zu kämpfen? Denn dann wirst Du mehr als nur großes Gerede und Frechheit brauchen. Und wir wollen Dich auf die Probe stellen und sehen, aus welchem Stoff Du wirklich gemacht worden bist!"

Er antwortete: „Ich kämpfe gegen euch – einer gegen einer. Auf diese Weise werde ich herausfinden, ob es unter euch noch einen gibt, der es versuchen will."

Der König stimmte zu, daß sie sich gegenseitig auf die Probe stellen wollten.

Königin Yrsa sagte: „Dieser Mann ist hier willkommen."

Die Berserker antworteten ihr: „Wir wissen bereits, daß Du uns alle tot sehen willst, doch wir sind ein wenig zu stark dafür, daß wir nur durch üble Worte oder bösen Willen getötet werden können!"

Die Königin sprach: „Und wenn nun der König euch einfach auf die Probe stellen will, um zu sehen, welche Art Krieger er an euch hat, da er so sehr auf euch *vertraut?"*

Der Berserker, der ihr Anführer war, sprach: „Ich werde Euer Benehmen verbessern und euch eine solche Lehre erteilen, daß wir uns um diesen Mann keine Sorgen mehr machen müssen!"

Am nächsten Morgen fand ein harter Insel-Zweikampf statt und es gab dort keinen Mangel an harten Schlägen.

Sie konnten alle sehen, daß dieser Neuankömmling ein Schwert mit großer Kraft zu führen verstand und daß er wußte, wie er es beißen lassen konnte. Der Berserker wich vor ihm zurück und er tötete ihn.

Sofort trat der nächste vor, um dessen Tod zu rächen, aber ihm erging es genauso und Svipdag hörte nicht auf, bevor er vier getötet hatte.

Da sprach König Adils: „Du hast mir einen schweren Verlust zugefügt und nun wirst Du dafür bezahlen!" Und er befahl seinen Männern, sich zu erheben und ihn zu töten.

Doch die Königin rief ihr eigenes Gefolge herbei, um ihm zu helfen und sagte zu dem König, daß er doch sicherlich sehen könne, daß dieser eine Mann mehr wert sei als all die Berserker zusammengenommen.

So führte die Königin einen Waffenstillstand zwischen ihnen herbei und jedermann hielt Svipdag für einen Mann von überragenden Fähigkeiten.

Die Berserker haben in dieser Saga die Fähigkeit, ihre Berserker-Wut zumindestens in Grenzen zu lenken.

Es wird allerdings nirgendwo direkt über die Berserker-Wut berichtet – es ist also fraglich, ob sie wirklich Berserker gewesen sind, obwohl sie hier so genannt werden. Auch ihr Heulen spricht dafür, daß sie Ulfhedinn und keine Berserker waren – diese Wolfs-Krieger werden im nächsten Kapitel dieses Buches näher betrachtet.

Im Fiölswin-Lied ist Swipdag („anbrechender Tag") ein Beiname für Tyr, der in der Unterwelt zu Freya-Menglöd reist, um sich mit ihr zu vereinen und dann als Morgensonne wiedergeboren zu werden. Es wäre denkbar, daß auch der Swipdag aus der Saga über Hrolf Kraki auf Tyr-Swipdag zurückgeht – als Berserker-Gott sollte Tyr schließlich auch nach seiner Übertragung in die Saga den Berserkern noch immer überlegen sein.

8. j) Zusammenfassung

Die Berserker waren die „Elitekämpfer" der Könige.

Sie standen auf dem Drachenschiff beim Kampf zwischen Vorschiff und Mast. In der Feldschlacht und manchmal auch auf den Drachenschiffen bildeten sie einen Schildwall rings um ihren König.

Sie hatten anscheinend auch in ihrer Kampf-Ekstase noch ein Mindestmaß an Kooperationsfähigkeit miteinander.

9.   Die 12 Berserker des Königs

So wie Odin in Asgard von zwölf Asen umgeben ist, so sind manche Könige an ihrem Hof von zwölf Berserkern umgeben.

Möglicherweise ist auch Tyr einst von zwölf Asen begleitet worden, da diese Anzahl ein Göttern ein altes Motiv ist – auch auf dem griechischen Olymp leben zwölf Gottheiten.

9. a)   Hrolf Kraki und seine Berserker

König Adils hatte zwölf Berserker, deren Aufgabe es war, sein Reich vor allen Gefahren und Angriffen zu beschützen.

9. b)   Egil-Saga

Am Bug standen die zwölf Berserker des Königs.

Hier stehen die Berserker nicht hinter dem Vorschiff, sondern am Bug – aber vielleicht bedeutet „Bug" hier auch nur „relativ weit vorne im Schiff".

9. c)   Die Saga über Grim Struppig-Wange

Da sprach Grim diese Strophe:
„Hier haben wir
zwölf Berserker
geschlagen, niedergehackt
– üble Männer, ruhmlose."

Zwölfergruppen von Berserkern sind in den Sagas des öfteren anzutreffen …

9. d) Die Saga über Hervor und König Heidrek den Weisen

Arngrim zog mit seiner Frau Eyfura nach Norden zu dem Stammsitz seiner Familie und ließ sich auf der Insel Bolm nieder. Sie hatten zwölf Söhne. Der älteste von ihnen war Angantyr, der zweite Hjorvard, der dritte Hervard, der vierte Hrani, dann Brami, Barri, Reifnir, Tind, Säming, Bui und die zwei Haddinge, die zusammen nur so viel Kraft hatten wie einer der anderen alleine, da sie Zwillinge waren und weil sie die jüngsten waren. Angantyr jedoch hatte die Stärke von zweien.

Sie waren alle Berserker, große und starke Kämpfer und sie zogen nie als anders als eine Gruppen von Zwölfen aus. Und es gab niemals eine Schlacht, die sie nicht gewannen. Aus diesem Grund waren sie in allen Ländern berühmt und es gab keinen König, der ihnen nicht gab, was sie von ihm verlangten.

Diese zwölf Berserker-Brüder sind eher ein mythologisches Motiv als eine historische Familie – Angantyr geht auf Tyr zurück und die beiden Haddinge auf seine beiden Alcis-Söhne.

Dieses Gruppe bestätigt die Vermutung, daß bereits Tyr entweder von zwölf Göttern begleitet worden ist oder zusammen mit elf Gottheiten eine Zwölfer-Gruppe gebildet hat.

9. e) Hyndla-Lied

Hyndla:
„Hervarth, Hjorvarth, Hrani, Angantyr,
Bui und Brami, Barri und Reifnir,
Tind und Tyrfing, die Hadding-Zwillinge –
sie alle sind Deine Verwandten, Ottar, Du Narr!"

Hier werden fast dieselben zwölf Berserker wie in der Hervor-Saga aufgezählt – anstelle des Säming erscheint hier lediglich Tyrfing, dessen Name ursprünglich das Schwert des Tyr bezeichnet hat.

Da diese Aufzählung zweimal erscheint und sowohl die Hevor-Saga als auch das Hyndla-Lied viele Motive aus den früheren Tyr-Mythen enthalten, werden diese zwölf Berserker ein altes Motiv sein – wobei sie in den Tyr-Mythen, also vor 500 n.Chr., auch etwas anderes als Berserker gewesen sein könnten …

9. f) Hyndla-Lied

Die folgende Strophe bezieht sich auf dieselben zwölf Berserker:

Hyndla:
„Ostwärts in Bolm wurden in alter Zeit
die Söhne des Arngrim und der Eyfura geboren
mit Berserker-Wut und großen Taten
fuhren sie wie Feuer über Land und See dahin,
und alle sind Deine Verwandten, Ottar, Du Narr!"

9. g) Die Saga über König Hrolf Kraki

Auch Hrolf Kraki hatte zwölf Berserker, die über Feuer laufen konnten. Die folgende Szene ist die deutlichste Beschreibung eines Feuerlaufs in der germanischen Überlieferung.

Ein anderes Beispiel erzählt man von Hrolf Krakis Kühnheit.
In Uppsala herrschte ein König, Adils genannt, der Yrsa, Hrolf Krakis Mutter, zur Frau hatte. Er war in Unfrieden mit dem König von Norwegen, der Ali hieß. Sie kämpften miteinander auf dem Eise des Sees, der Wänir heißt. Da sandte König Adils Boten zu Hrolf Kraki, seinem Stiefsohn, daß er ihm zu Hilfe käme, und versprach seinem ganzen Heer Sold, solange die Fahrt währte. Und der König selber sollte drei Kleinode erhalten, die er aus Schweden wählen würde. Aber Hrolf Kraki konnte nicht zu ihm ziehen wegen des Krieges, den er mit den Sachsen hatte. Doch sandte er ihm seine zwölf Berserker. Darunter waren Bödwar Biarki und Hialti der Kühne, Hwitserk der Mutige, Wöttr, Widseti und die Brüder Swipdag und Beigudr. In diesem Krieg fiel König Ali und ein großer Teil seines Heers.
Da nahm König Adils dem Toten den Helm Hildiswin und seinen Hengst Hrafn. Da verlangten die Berserker Hrolf Krakis jeglicher drei Pfund Gold zu Lohn und überdies die Kleinode, die sie für Hrolf Kraki gewählt hatten und ihm nun zu bringen verlangten. Das war der Helm Hildigölt, der Panzer Finnsleif, an dem kein Schwert haftete, und der Goldring, der Swiagris hieß und von Adils Vorfahren herkam. Aber der König verweigerte alle diese Kleinode und bezahlte auch nicht einmal den Lohn. Da fuhren die Berserker heim und waren übel zufrieden.
Sie berichteten dies dem König Hrolf, der sich sogleich bereit machte, gen Uppsala zu fahren, und als er mit seinen Schiffen in den Fyrifluß kam, ritt er gen Uppsala, und seine zwölf Berserker mit ihm, die da friedlos waren.

Yrsa, seine Mutter, empfing ihn und folgte ihm zur Herberge, aber nicht zu des Königs Halle.

Da wurden große Feuer für sie angezündet und Ael wurde zum Trinken gereicht. Da kamen König Adils Mannen herein und trugen Scheite ins Feuer und machten es so groß, daß Hrolf und den Seinen die Kleider brannten, und fragten, ob das wahr sei, daß Hrolf Kraki und seine Berserker weder Feuer noch Eisen scheuten.

Da sprang Hrolf Kraki auf mit allen den Seinigen und rief: „Laßt uns mehren die Glut in Adils Gemach."

Da nahm er seinen Schild und warf ihn ins Feuer und lief über das Feuer, während der Schild brannte, und rief: „Der fürchtet kein Feuer, der drüber fährt."

So taten auch seine Mannen einer nach dem anderen.

Darauf nahmen sie die, welche das Feuer geschürt hatten, und warfen sie hinein.

Da kam Yrsa, gab Hrolf Kraki ein Hirschhorn mit Gold gefüllt und darin den Ring Swiagris, und bat ihn, fortzureiten zu seinem Heer.

Da sprangen sie auf ihre Pferde und ritten fort über Fyrisfeld. Da sahen sie, daß König Adils ihnen mit seinem Heer nachritt in voller Rüstung und sie töten wollte.

Da nahm Hrolf Kraki mit seiner Rechten Gold aus dem Hörn und streute es auf den Weg. Als die Schweden das sahen, sprangen sie von den Sätteln und jeder nahm, was er bekommen konnte. Aber König Adils gebot ihnen zu reiten und ritt selber aus aller Macht. Sein Pferd hieß Slungnir, das schnellste aller Pferde.

Als Hrolf Kraki sah, daß König Adils ihn schier erritten hatte, nahm er den Ring Swiagris, warf ihn ihm zu und bat ihn, den als eine Gabe zu nehmen. König Adils ritt nach dem Ringe, hob ihn mit dem Speer auf und ließ ihn an den Griff nieder gleiten.

Da wandte sich Hrolf Kraki, und als er sah, wie sich jener bückte, sprach er: „Wie ein Schwein gebogen hab ich nun den, welcher der reichste in Schweden war."

Und also schieden sie. Darum heißt das Gold Krakis Saat oder Samen von Fyrisfeld.

9. h)   Die Namen der 12 Berserker des Königs

Während die ersten beiden Listen bis auf einen Namen übereinstimmen, hat die dritte Liste vollständig andere Namen. Evtl. enspricht Bodvar Biarki als der stärkste der Berserker des Königs Hrolf Kraki dem Angantyr, der ebenfalls der stärkste Berserker gewesen ist. Die beiden Namen „Hialti" und „Hwitserk" lassen sich mit großen Fragezeichen „Hjorvard" und „Hervard" zuordnen. Die übrigen vier Namen zeigen keine erkennbaren Ähnlichkeiten mit den Namen in den beiden anderen Listen.

Die Namen der 12 Berserker des Königs		
Hervor-Saga	*Hyndla-Lied*	*Hrolf-Saga*
Angantyr	Angantyr	Bödvar Biarki
Hjorvard	Hjorvarth	Hialti der Kühne
Hervard	Hervarth	Hwitserk der Mutige
Hrani	Hrani	
Brami	Brami	
Barri	Barri	
Reifnir	Reifnir	
Tind	Tind	
Säming	Tyrfing	
Bui	Bui	
Hadding 1	Hadding 1	
Hadding 2	Hadding 2	
		Swipdag
		Widseti
		Wöttr
		Beigudr

9. i) Gisli-Saga

Doch nun muß unsere Geschichte über einen Mann namens Björn, der Björn der Schwarze genannt wurde, berichten. Er war ein Berserker und führte viele Zweikämpfe. Zwölf Männer folgten ihm auf dem Fuße und außerdem war er in den Schwarzen Künsten bewandert und kein Stahl konnte seine Haut berühren. Es war kein Wunder, daß er bei den Leuten unbeliebt war, denn er trat in die Häuser der Leute am Wegrand und nahm ihnen ihre Frauen und Töchter fort und behielt sie solange es ihm beliebte bei sich.

Hier wird nicht ein König von zwölf Berserkern, sondern ein Berserker von zwölf Männern begleitet.

9. j) Die Saga über Kampf-Glum

Nachdem sie sich an die Tafel gesetzt hatten – so erzählt man – trat der Mann, der Biörn Eisenkopf genannt wurde, zusammen mit elf anderen in das Langhaus. Er war ein großer Berserker, der oft auf Feste ging, auf denen viele Leute versammelt waren, und dort einen Streit mit jedem anfing, von dem er hörte, daß er irgendetwas gegen ihn sagte. Deshalb bat Vigfuss sie, daß jeder darauf achten solle, was er sprach.

Hier erscheint ein Berserker mit elf Begleitern – sie waren also zu zwölft. Diese beiden Varianten der 12er-Gruppe sind in der 12er-Symbolik oft zu finden: „12 + Anführer" und „11 + Anführer = 12".

9. k) Gesta danorum

In dem folgenden Text ist der Berserker mit den zwölf Begleitern schon zu einem Riesen umgedeutet worden.

Zu dieser Zeit war ein gewisser Hardbeen berüchtigt dafür, daß er Königstöchter raubte und vergewaltigte und die Gewohnheit hatte, alle Männer, die ihn an diesen seinen Lüsten hindern wollten, zu töten. Er zog hochgeborene junge Frauen den niedriggeborenen vor und je erlesener die Opfer waren, denen er Gewalt antun konnte, desto edler schien er sich selber zu sein.
Kein Mann entkam ungestraft, der sich mit Hardbeen an Stärke maß. Er war so groß, daß sein Leib die Höhe von neun Ellen (3,60m) erreichte.
Mit ihm lebten 12 Krieger, deren Aufgabe es war, sich darum zu kümmern, daß sein Zorn mit Seilen gebändigt wurde, wann immer ihn die Wut überkam, die eine Schlacht ankündigte.

9. l) Zusammenfassung

In ettlichen Fällen haben die Könige zwölf Berserker um sich geschart. Diese Zahl entspricht den zwölf Asen, die sich um Odin geschart haben – und vor 500 n.Chr. vermutlich auch schon um Tyr.

In einigen Fällen hatten auch die Berserker selber zwölf Begleiter.

Die „12" ist wie die ältere „8" die „runde, vollständige Zahl" (siehe die Zahl „12" in Band 47).

10.   Berserker-Räuber

Macht verleitet zum Mißbrauch von Macht – das war auch bei den Berserkern nicht anderes …

10. a)   Grettir-Saga

Die Männer fanden, daß es ein übler Zustand in dem Land war, daß Herumtreiber oder Berserker edle Männer wegen eines Lösegeldes oder wegen ihrer Frauen zum Zweikampf in der Weise herausforderten, daß derjenige, der von dem anderen getötet wurde, ungesühnt bleiben sollte. Dadurch fielen viele in Schande oder verloren ihren Besitz und einige dazu noch ihr Leben. Daher verbot Jarl Erik jegliche Zweikämpfe und verbannte alle Berserker, die mit Raub und Streit umherzogen, aus dem Land.

10. b)   Grettir-Saga

Zwei Brüder wurden als die schlimmsten in dieser Angelegenheit genannt – der eine von ihnen hieß Thorir Dickbauch und der andere Ogmund der Böse. Sie gehörten zu der Halogaland-Sippe und sie waren größer und stärker als andere Männer. Sie traten oft in die Berserker-Wut und schonten nichts in ihrer Raserei. Sie nahmen den Männern die Frauen fort und behielten sie für eine Woche oder einen Halbmonat und brachten sie dann ihren Ehemännern zurück. Sie raubten wohin sie kamen oder vollbrachten andere üble Taten.

Doch Jarl Erik machte sie zu Ausgestoßenen in der ganzen Länge und Breite von Norwegen.

10. c)   Egil-Saga

„Ein Mann Namens Ljot der Bleiche, der ein Berserker und ein verfluchter Zweikämpfer ist, kam zu uns und verlangte meine Tochter zur Frau, doch wir haben ihn sofort abgewiesen, woraufhin er meinen Sohn Fridgeir zum Zweikampf herausgefordert hat."

10. d)   Egil-Saga

„ Es ist für den jungen Fridgeir nicht angemessen,
mit diesem Krieger zu kämpfen,
mit diesem grimmigen Schildrand-Beißer,
den die Götter verfluchen.
Es ist besser, wenn ich ihm entgegentrete,
um die Maid zu retten;
Er schaut furchterregend,
doch seine Augen sind todgeweiht. "

10. e)   Die Saga über Asmund Recken-Töter

„ Du mußt erfahren, wie wir unter der Tyrannei des Hildibrand Hunnenkappe lei-
den. Zuerst mußten wir Abgaben zahlen und nun müssen wir auch noch alle sechs
Monate zu einem Zweikampf mit den Berserkern kommen und jedesmal muß einer der
Bauernhöfe zu einem der Zweikämpfe kommen. Dadurch haben wir sowohl unsere
Männer als auch unsere Höfe verloren. "

10. f)   Die Saga über Kampf-Glum

Thorstein erzählte ihnen über die schreckliche Lage, in der er sich befand; wie der
Berserker, der Asgaut genannt wurde, ihn zum Holmgang herausgefordert hatte, da
er sich geweigert hatte, ihm seine Schwester zu geben. Er bat sie, ihn mit vielen
Männern auf den Kampfplatz zu begleiten, damit der Seeräuber nicht seinen ge-
samten Besitz rauben würde. Er fügte noch hinzu, das Asgaut viele seiner Leute getö-
tet hatte und daß er ihm seine Schwester geben müsse, wenn sie ihn nicht unterstützen
würden.

9. g)   Gisli-Saga

Doch nun muß unsere Geschichte über einen Mann namens Björn, der Björn der
Schwarze genannt wurde, berichten. Er war ein Berserker und führte viele Zwei-
kämpfe. Zwölf Männer folgten ihm auf dem Fuße und außerdem war er in den

Schwarzen Künsten bewandert und kein Stahl konnte seine Haut berühren. Es war kein Wunder, daß er bei den Leuten unbeliebt war, denn er trat in die Häuser der Leute am Wegrand und nahm ihnen ihre Frauen und Töchter fort und behielt sie solange es ihm beliebte bei sich.

10. h)   Die Saga über Kampf-Glum

Nachdem sie sich an die Tafel gesetzt hatten – so erzählt man – trat der Mann, der Biörn Eisenkopf genannt wurde, zusammen mit elf anderen in das Langhaus. Er war ein großer Berserker, der oft auf Feste ging, auf denen viele Leute versammelt waren, und dort einen Streit mit jedem anfing, von dem er hörte, daß er irgendetwas gegen ihn sagte. Deshalb bat Vigfuss sie, daß jeder darauf achten solle, was er sprach.

Hier erscheint ein Berserker mit elf Begleitern – sie waren also zu zwölft. Diese beiden Varianten der 12er-Gruppe sind in der 12er-Symbolik oft zu finden: „12 + Anführer" und „11 + Anführer = 12".

10. i)   Die Saga über Sörli den Starken

Der König sprach: „Eher sollen alle Männer hier in Norwegen tot auf dem Schlachtfeld fallen, als daß ich meine Tochter einem solchen abscheulichen Troll und kriegerischen Berserker geben werde!"

10. j)   Halfdan Eysteinn-Sohn

Das Drachenschiff wurde von einem Mann gesteuert, der Ivar Kleintasche genannt wurde. Er war ein großer Berserker und der übelste Kerl.

10. k) Harbard-Lied

Thor:
„ Berserkerbräute bändigte ich auf Hlesey:
Das Ärgste hatten sie getrieben, betrogen alles Volk. "

Berserkerbraut = Riesin

10. l) Gesta danorum

Der Riese Hardbeen, dessen Name „Hart-Knochen" bedeutet, ist nur aus der Gesta danorum des Mönches Saxo des Schriftkundigen bekannt.

In dieser halb historischen, halb mythologischen „Geschichte der Dänen" ist Thor zu dem Helden Halfdan geworden, der den Riesen-Berserker Hardbeen, der vermutlich auf Tyr zurückgeht, mit einem riesigen Hammer erschlägt.

Zu dieser Zeit war ein gewisser Hardbeen berüchtigt dafür, daß er Königstöchter raubte und vergewaltigte und die Gewohnheit hatte, alle Männer, die ihn an diesen seinen Lüsten hindern wollten, zu töten. Er zog hochgeborene junge Frauen den niedriggeborenen vor und je erlesener die Opfer waren, denen er Gewalt antun konnte, desto edler schien er sich selber zu sein.

Kein Mann entkam ungestraft, der sich mit Hardbeen an Stärke maß. Er war so groß, daß sein Leib die Höhe von neun Ellen (3,60m) erreichte.

Mit ihm lebten 12 Krieger, deren Aufgabe es war, sich darum zu kümmern, daß sein Zorn mit Seilen gebändigt wurde, wann immer ihn die Wut überkam, die eine Schlacht ankündigte.

Die Männer baten Halfdan, Hardbeen und seine Krieger Mann für Mann anzugreifen und er versprach nicht nur zu kämpfen, sondern versicherte ihnen auch seinen Sieg mit den vertrauensvollsten Worten.

Als Hardbeen dies hörte, wurde er plötzlich von einer dämonischen Wut-Ekstase ergriffen: Er biß in seinen Schild und zerstörte ihn; er schluckte immer weiter glühende Kohlen; er warf sich glühende Holzstücke in den Mund und schluckte sie in seine Eingeweide hinab; er stürmte durch die Gefahr prasselnder Feuer; und schließlich, nachdem er durch alle Arten von Wahnsinn gegangen war, wandte er mit wütenauf der Hand sein Schwert gegen die Herzen von sechs seiner Krieger.

Es ist ungewiß, ob dieser Wahnsinn aus seinem Kampfesdurst oder aus natürlicher Gewalttätigkeit heraus entstanden ist.

Dann griff er mit seinem verbliebenen Trupp von Kriegern Halfdan an, der ihn mit einem Hammer von wundersamer Größe erschlug, sodaß er sowohl den Sieg als auch sein Leben verlor und auf diese Weise von Halfdan den Lohn dafür erhielt, daß er ihn herausgefordert hatte, und auch für die Könige, deren Nachkommen er gewalttätig mißbraucht hatte.

Hier werden die meisten Berserker-Motive genannt – man merkt allerdings an den Ungenauigkeiten (z.B. Feuerlauf zur Erzeugung der Kampf-Ekstase), daß Saxo der Schriftkundige sehr wahrscheinlich selber keine Berserker gekannt hat.

10. m) Zusammenfassung

Einige Berserker haben zumindestens in späterer Zeit die Landbevölkerung auf Mafia-ähnliche Weise durch die Herausforderung zu Zweikämpfen sowie durch Raub und Vergewaltigungen tyrannisiert.

11. Sonstiges

In der Überlieferung werden noch verschiedene weitere Eigenschaften und Verhaltensweisen der Berserker beschrieben.

11. a) Hrolf Kraki und seine Berserker

So verging der Sommer bis die Berserker im Herbst heim zu dem Königshof kamen. Als sie in die Halle traten, ging der Anführer so, wie es ihr Brauch war, zu jedem Mann und frug ihn, ob er sich für ihm gewachsen halte, und die Männer strebten alle danach, die Haltung einzunehmen, die ihnen am ehrerbietigsten schien, und es war offensichtlich, daß sich niemand auch nur annähernd ihnen gewachsen fühlte.

Da trat er vor Svipdag und frug, ob er sich ihm ebenbürtig fühle.

Svipdag sprang auf und zog sein Schwert und sagte, daß er in jeder Hinsicht genausogut wie er sei.

Da sagte der Berserker: „Dann schlag mich auf den Helm."

Das tat Svipdag, aber das Schwert glitt ab und danach begannen sie miteinander zu kämpfen.

König Hrolf trat zwischen sie und gebot ihnen einzuhalten und sagte, daß sie von nun Gleiche seien, „und beide meine Freunde."

Hier sind die Berserker ein wenig arrogant …

11. b) Egil-Saga

Kari von Berdla war für seine Stärke und seinen Wagemut bekannt – er war ein Berserker.

… … …

Über Ulf („Wolf") wird berichtet, daß er ein Großbauer war. Er stand früh auf und war sehr weise. Aber jeden Tag, wenn es Abend wurde, wurde er mürrisch, sodaß nur noch wenige zu ihm kommen und mit ihm sprechen konnten. Er war ein Abendschläfer und es wird von allen gesagt, daß er ein sehr guter Gestaltwandler war. Er wurde Kved-Ulf („Abend-Wolf") genannt.

… … …

Skalla-Grim bereitete sich auf seine Fahrt vor und wählte aus seinem Haushalt und unter seinen Nachbarn die Stärksten und Zähesten aus, die zu finden waren. Einer war Ani, ein wohlhabender Landbesitzer, ein anderer Grani, ein dritter Grimolf sowie sein Bruder Grim, beides Männer aus dem Haus des Skallagrim, und die beiden Brüder Thorbjorn der Krumme und Thord der Kranke. Diese beiden wurden „Thorornas Söhne" genannt, sie wohnte nah bei Skallagrim und waren in der Zauberei wohl bewandert. Beigaldi war ein „Kohlen-Beißer" (ein Nichtstuer, der meist am Feuer sitzt). Dann war da noch ein Mann, der Thorir Riese genannt wurde, und sein Bruder Thorgeir Erd-lang, Odd Einsiedler und Griss der Freigelassene.

Sie waren zu zwölft auf dieser Reise, alles stattliche Männer und mehrere von ihnen waren Gestaltwandler.

... ...

Kvedulf hatte seine Streitaxt in seiner Hand. Als er an Bord ging, befahl er seinen Männern, außen am Dollbord entlangzugehen und das Zelt von seinen Gabeln loszuschneiden, während er nach hinten zur Heck-Burg rannte.

Es wird gesagt, daß er da in die Gestalt-Stärke („hamrammr") geriet und ebenso mehrere seiner Gefährten. Sie erschlugen alle, die in ihren Weg gerieten, und dasselbe tat Skallagrim, als er an Bord des Schiffes kam – und Vater und Sohn ließen ihre Hände nicht ruhen, bis das ganze Schiff befreit war.

... ...

Es wird von den Gestaltwandler-Männer oder den Männern, die einen Anfall von Berserker-Wut hatten, erzählt, daß sie, solange der Anfall dauerte, so stark waren, daß ihnen nichts widerstehen konnte, daß sie aber, wenn der Anfall vorüber war, schwächer waren, als ihnen lieb war.

So geschah es auch dem Kvedulf. Als der Gestaltwandler-Anfall von ihm wich, spürte er die Erschöpfung von dem Angriff, den er geführt hatte, und wurde so schwach, daß er sich ins Bett legen mußte.

Diese Schilderung der Folgen einer Berserker-Ekstase klingt sehr nach einem zuverlässigen Augenzeugenbericht.

Diese Schwäche wird auch in der Hervor-Saga berichtet (Abschnitt 2.g in diesem Buch).

... ...

Egil: „Willst Du, Skallagrim, Deine Gestalt-Stärke gegen Deinen eigenen Sohn wenden?"

Mit „Gestalt-Stärke" ist die Fähigkeit, sich in die Berserker-Wut zu versetzen, gemeint – die „Gestalt" ist die innere Bärengestalt des Berserkers.

... ...

Da bereitete Egil sein Schiff zur Fahrt und versammelte sich eine Schiffsmann-

schaft. Unter ihnen war Aunund Sjoni, der Sohn des Ani von Anabrekka. Aunund war hochgewachsen und der stärkste der Männer dort in der Gegend – nun, manche sagten, daß er Gestalt-stark sei.

In der Sippe des Egil wurde die Fähigkeit des „hamrammr", also des Gestaltwandels (wörtlich: „Gestalt-Stärke") vom Vater auf den Sohn weitervererbt: von Ulf Kvedulf („Abendwolf") auf Skallagrim („Grim Kahlkopf") und weiter auf Egil („Meisterschütze"). Dies „hamrammr" ist in dieser Saga weitestgehend identisch mit der Kampfekstase der Berserker und der Ulfhedinn. Diese Wikinger verwandeln sich also in Bezug auf ihre Kampfkraft in Bären bzw. Wölfe.

Der Name „Kvedulf" könnte eine Anspielung darauf sein, daß Egils Großvater, der sich am Abend stets zurückzog und ein „Abend-Schläfer" war, des Nachts seine Tiergestalt annahm – doch diese Deutung des Namens „Kvedulf" („Abendwolf") und der Bezeichnung „Abend-Schläfer" ist unsicher.

Grim erhielt den Beinamen „Skalla-Grim", also „Kahlkopf-Grim", da ihm bereits im Alter von 20 Jahren alle Haare ausgefallen waren.

Da Hallbjorn den Beinamen „Halbriese" trägt und sein Sohn Ketil sowie seine beiden Enkel An und Odd auch über übernatürliche Kräfte und magische Waffen verfügten, werden auch sie zu den Gestaltwandler-Magiern gehören, auch wenn dies über sie nicht explizit berichtet wird. Die magischen Künste, zu denen der Gestaltwandel gehörte, scheinen den Kindern der jeweiligen Magie-Kundigen weitergereicht worden zu sein.

Man scheint auch innerhalb von Sippen von Magie-Kundigen geheiratet zu haben, da auch Kari von Berdla ein Berserker gewesen ist. Auch seine Tochter Salbjorg wird demnach derlei Kenntnisse gehabt haben. Allerdings war diese Art des Wissens damals recht weit verbreitet, sodaß man von Egels Sippe vielleicht eher als „Magie-Spezialisten" unter vielen „Magie-Kundigen" reden kann.

Der Übersichtlichkeit halber sind die Namen der Magie-Kundigen in dem folgenden Stammbaum fett gedruckt und die Gestaltwandler fett gedruckt und grau hinterlegt worden. Vermutlich ist diese Unterscheidung aber nur durch die Überlieferung über diese Wikinger bedingt und stellt keine Differenzierung ihrer tatsächlichen Fähigkeiten dar. So wird der Beiname „Halbriese" des Hallbjörn wahrscheinlich nichts anderes bezeichnen als der Bezeichnung des Egil als „hamrammr", also als „Gestaltwandler" – beides wird auf die Kunst der Berserker-Ekstase zurückgehen.

In der Übersicht ist Ulf der Furchtlose zu den Magiern hinzugefügt worden, da er der Ausgangspunkt der Magie-Kenntnisse in der Sippe des Egil und bei den Leuten von der Insel „Rabennest" in Nordnorwegen zu sein scheint.

Die Übertragungslinien zeigen, daß auch die Frauen (ihre Namen sind kursiv gedruckt) diese Künste erlernten.

Interessanterweise werden über Skallagrims Bruder Thorolf keinerlei magische

Fähigkeiten berichtet – obwohl auch er ein erfolgreicher Wikinger war.

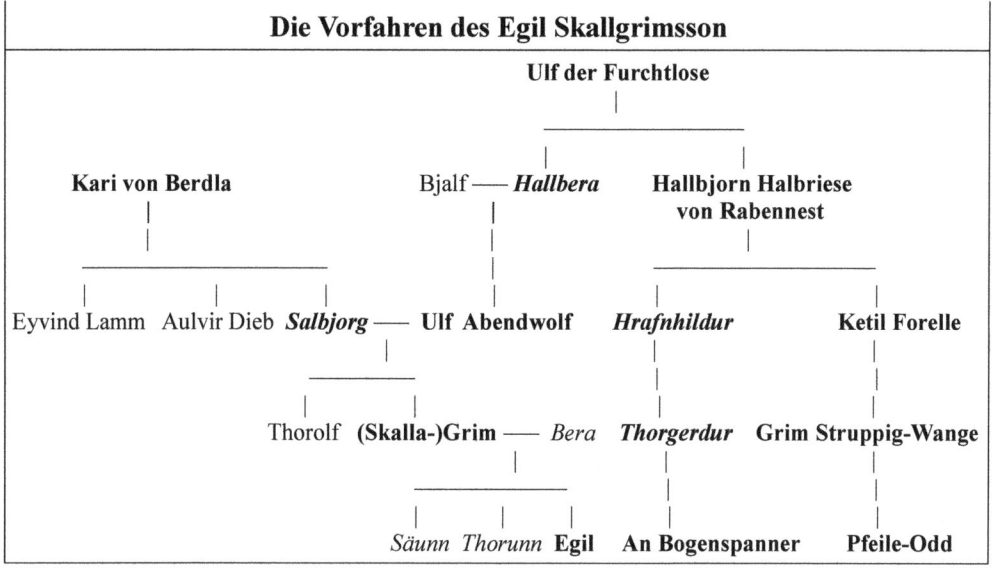

Die Vorfahren des Egil Skallgrimsson

11. c)   Die Saga über Halfdan Brana-Ziehsohn

In dieser Saga erscheint ein Berserker, der anscheinend Hels Zweifarbigkeit übernommen hat: das Rot des Lebens und das Blau des Todes.

Diese Übertragung wird vermutlich aus den folgenden drei Schritten bestanden haben:

1. Hel => Tyr-Riese als Hel-Bewohner
2. Tyr-Riese als Hel-Bewohner => Riesen allgemein als Hel-Bewohner
3. Riesen allgemein als Hel-Bewohner => Berserker mit „Riesenstärke"

*Eines Abends, als der König an seiner Trink-Tafel saß, öffnete sich die Tür seiner
Halle. Zehn Männer traten ein. Der König erkannte Jarl Thorir und seine Männer.
Der König frug, was geschehen sei. Der Jarl sagte, daß Wikinger in das Land
gekommen seien und nichts unberührt ließen. Der König frug nach ihren Namen.*

*Der Jarl sagte, daß einer von ihnen Soti genannt wurde und der andere Snäkoll,
„Sotis Absicht ist, um die Hand Deiner Tochter anzuhalten."*

Der König frug, wie Soti aussieht.

Der Jarl antwortete: „Soti ist ein verfluchter Berserker. Er ist zweifarbig. Eine seiner Seiten ist blau, die andere rot. Er trägt keinerlei Kleidung auf seinem Leib. Er hat einen völlig kahlen Kopf, außer daß in der Mitte seines Kopfes ein einzelnes Haar emporragt."

Der König sprach: „Es ist besser, daß wir gegen ihn kämpfen als daß wir diesem Mann unsere Tochter zur Frau geben."

Von Tacitus wird um 100 n.Chr. berichtet, daß die Germanen zum größten Teil nackt gekämpft haben. Sie haben auch gemeinsam nackt in Flüssen gebadet und ihre Kinder waren die meiste Zeit unbekleidet. Es ist also denkbar, daß der Berserker Soti hier eine alte Tradition bewahrt hat, die ansonsten untergegangen ist oder zumindestens an keiner anderen Stelle in den Sagas erwähnt wird.

Auch von den Kelten sind nackte Krieger gut bekannt. Auf den britischen Inseln waren diese Krieger teilweise blau bemalt.

Die Nacktheit der alten Griechen beim Sport ist gut bekannt – in Sparta waren auch die Frauen beim Sport unbekleidet.

Bei den Römer waren nur die Männer in den Thermen nackt – die Frauen trugen eine Art Bikini.

Die Nacktheit in religiösen zusammenhängen könnte auch in Indien weit zurückreichen. Heute gibt es viele „Sadhu" genannte Yogis, die niemals Kleidung tragen

Die Nacktheit scheint bei den Indogermanen einst relativ normal gewesen zu sein. Die nackten Krieger finden sich hingegen nur bei den Germanen und den Kelten, da die Griechen bekleidet kämpften, auch wenn in der Kunst nackte Krieger dargestellt wurden.

Die vielen Besonderheiten in der germanisch-keltischen Religion und Kultur, die ansonsten von den Indogermanen unbekannt sind, stammen vermutlich zu einem Teil aus der Megalithkultur, die die Germanen und die Kelten in ihrem neuen, west- und nordeuropäischen Siedlungsgebiet vorfanden.

11. d)   Die Saga über Thorstein Viking-Sohn

Dis heiratete Jokul Eisenrücken, einen blauen Berserker.

„Blau" bedeutet eigentlich „tot, zum Jenseits gehörend". In Sagas treten manchmal „Blaumenschen" auf die eigentlich Tote sind (siehe „Blaumenschen" in Band 36). Die Farbe „Blau" bedeutet hier in etwa „zum Tod gehörend, den Tod bringend".

11. e) Die Saga über Sturlaug den Mühen-Beladenen

Der Berserker versuchte Hrolf niederzuwerfen, doch dieser behielt jedesmal seinen festen Stand. Dieser Blaumann war so groß wie ein Riese, so dick wie ein Stier und so schwarz wie die Hölle. Er hatte Krallen von einer solchen Größe, daß sie eher wie die Krallen eines Geiers als wie menschliche Fingernägel aussahen.

In dieser Schilderung sind die verschiedensten mythologischen Gestalten miteinander vermischt worden.

Da es drei Textstellen gibt, an denen ein Berserker als „blau" beschrieben wird, stellt sich die Frage, wie dies zu verstehen ist. Bei dem „zweifarbigen" blau-roten Berserker Soti ist die blaue Farbe recht sicher eine Assoziation zu der blau-roten Hel. In der Thorstein-Saga wird der Berserker einfach „blau" genannt. In der Sturlaug-Saga wird der Begriff „Blaumann" benutzt, mit dem auch Tote bezeichnet werden können – so trägt der Urriese Ymir auch den Beinamen „Blain", d.h. „Blauer".

Wahrscheinlich war sowohl bei den Germanen als auch bei den britischen Kelten, die sich im Kampf manchmal blau bemalten, die blaue Farbe ein Symbol des Todes, den sie ihren Feinden bringen wollten. Das schließt die blaue Farbe der Jenseitsgöttin Hel in sich ein.

Es wäre also denkbar, daß die blaue Bemalung der Berserker weiter verbreitet gewesen ist, als es diese drei Textstellen vermuten lassen.

Tacitus berichtet um 100 n.Chr. über den Germanenstamm der Harier, daß sie sich im Krieg bemalt haben, wobei allerdings die Farbe allerdings eher ein Schwarz zu sein scheint: *„Die Harier ferner, außer den Kräften, in welchen sie den eben genannten Völkern vorgehen, finstren Wesens, steigern die inwohnende Wildheit noch durch Kunst und Zeit: schwarze Schilde, gefärbte Leiber; für die Schlachten wählt man dunkle Nächte, und schon durch die Schauerlichkeit und das Schattenwesen solchen Heeres wie aus dem Todtenreiche flößen sie Schrecken ein, daß keiner der Feinde den schauerlichen und gleichsam höllischen Anblick aushält; denn zuerst werden in allen Schlachten die Augen besiegt."*

Die Symbolik ist dieselbe wie bei den beiden blaubemalten Berserkern und bei den blaubemalten Kelten-Kriegern: Sie soll die Feinde an den Tod denken lassen und ihnen Angst einjagen.

Schließlich ist noch zu bedenken, daß die Germanen die beiden Farben „Blau" und „Schwarz" nicht genau unterschieden – es ist also gut denkbar, daß sich die Berserker und der Stamm der Harier sowie die Kelten in derselben Weise dunkelblau-schwarz bemalt haben.

11. f)   Odds Männervergleich

„ Odd, Du warst nicht
beim Atalsberg,
als wir die Brand der Flut
erbeutet hatten;
die Berserker
banden wir dort,
erschlagen ward schnell
die Schar des Königs. "

Brand = Feuer; Feuer der Flut = Gold (Anspielung auf die goldene Sonne in der Wasserunterwelt)

11. g)   Heimskringla

Thor Haklang, der ein großer Berserker war, legte sein Schiff neben das von König Harald.

11. h)   Die Saga über Kampf-Glum

In dieser Saga tritt in einer Nebenrolle ein Mann mit dem Namen *„Eystein der Berserker "* auf.

11. i)   König Olaf der Ruhmreiche

Als Kolbiörn sich in den Kampf einmischte, sah er, wie sich Brithnoth von Olaf fortwandte und mit einem der Berserker die Schwerter kreuzte. Der Berserker stürzte mit einer großen Hiebwunde am Kopf nieder.

11. j)   Über Fornjotr und seine Verwandten

Sein Sohn war Salgard, Vater des Grjotgard, Vater des Solva, Vater des Hogna in Njardey, Vater von Solva dem Wikinger und von Hilda der Schlanken, die mit Hjorleif dem Liebhaber verheiratet war. Deren Sohn war Half der Berserker.

11. k)   Egil-Saga

In Ulfs Gefolge war ein gewisser Kari aus Berdla, ein Mann, der für seine Stärke und seinen Wagemut bekannt war; er war ein Berserker.

11. l)   Edda-Prolog

Danach reiste Thor fern und weit umher und erforschte alle Gegenden der Welt und überwand eigenhändig all die Berserker und Riesen und einen gewaltigen Drachen und viele wilde Tiere.

11. m)   Landnahme-Buch

Gunnstein Berserker-Töter, der Sohn des Bölverk Hell-Schnauze, tötete zwei Berserker, von denen der eine Jarl Grjotgard in Solvi auf der inneren Seite von Agdaness getötet hatte.

11. n)   Die Saga über Thorstein Viking-Sohn

Skate ist ein Berserker und ein großer Wikinger gewesen.

11. o)   Lachstal-Saga

„Die Jünglinge haben im Sinn, zu Helgi Harbiensohn dem Berserker zu gehen."

11. p)   Die Saga über Hromund Greip-Sohn

„Einst lebte ein Berserker, der Thrain genannt wurde – ein großer, starker Mann, der große Kenntnisse in der Zauberkunst besaß. Er eroberte Valland und wurde dort König. Er wurde mit seinem Schwert, seiner Rüstung und großen Schätzen in ein Hügelgrab gelegt – aber niemand hat es eilig, dorthin zu gehen."

11. q)   Heimskringla

Dort kam Guthorm der Berserker dem Hake mit dreißig Mann entgegen und sie kämpften gegeneinander.

11. r)   Landnahme-Buch

Ein Pfeil traf die Eingeweide des Eilifr Grisly und er wurde zum Fell-Wechsler.

Ein Fellwechsler oder Gestaltwechsler ist ein Berserker oder ein Ulfhedinn. Er geriet offenbar durch den Schmerz der Verwundung in die Berserker-Wut.
Eilifirs Beinamen „Grisly" kann man offenbar als „Bären-Mann", also als „Berserker" auffassen.

11. s)   Saga über Geirmund Hel-Haut

Atli war ein Mann, mit dem man nur schwer zurechtkommen konnte, und er war ein großer Gestaltwandler.

Mit „Gestaltwandler" ist hier „Berserker" gemeint.

11. t)   Saga über Ketil Forelle

Ketil kam zu dem Ort, der Skrofum genannt wird. Und als er den Strand erreichte, sah er eine Trollfrau in einem Bärenfell-Kittel auf einer Halbinsel. Sie war gerade aus dem Meer gekommen und war schwarz wie Pech. Sie zog eine Grimasse wegen der Sonne.

Der Bärenfell-Kittel der Trollfrau soll vermutlich sagen, daß sie Berserker-Kräfte besaß.

11. u)   Landnahme-Buch

Auf Island gab es einen Ort mit dem Namen „*Berserseyri*", d.h. „Berserker-Insel".

11. v)   Jakob Grimm: Deutsche Mythologie

Es ist zu erwarten, daß dem nordischen alterthum auch ein übergang des menschlichen leibs in den des bären wolbekannt war, da dies thier für vernünftig galt und hochgehalten wurde. Finnbogi redet mit ihm und nennt ihn bessi.

Ein dänisches lied läßt durch umbinden eines eisenhalsbandes die verwandlung in einen bären ergehn.

In Norwegen herscht der glaube, daß die Lappländer sich in bären verwandeln; von einem recht dreisten, schädlichen bären heißt es: ›das kann kein christlicher bär sein‹. ein alter bär, in Ofodens prästegjeld, der sechs menschen und über sechzig pferde getödtet haben soll, stand in solchem ruf, und als er endlich erlegt wurde, will man bei ihm einen gürtel gefunden haben.

11. y) Zusammenfassung

Die Fähigkeit zur Berserker-Ekstase ist z.T. entweder erblich gewesen oder vom Vater dem Sohn gelehrt worden.

Die Berserker, die an Königshöfen gelebt haben, scheinen dort Rituale gehabt zu haben, durch die sie ihre Überlegenheit über alle anderen Krieger proklamierten – niemand wagte sie herauszufordern.

Die Berserker scheinen zum Teil die alte Tradition der nackten und teilweise blaubemalten Krieger bewahrt zu haben, die sowohl von den Germanen als auch von den Kelten aus der Römerzeit bekannt ist.

In den späten Sagas sind die Berserker mit den verschiedensten mythologischen Gestalten wie den Blaumenschen (Toten), den Riesen und der Hel vermischt worden. Es treten auch Riesinnen mit Bärenfell auf.

12.   Kenningar und Heitis

12. a)   Berserker-Kenningar

Berserker	*grimmiger Schildrand-Beißer*		anonym	Egil-Saga
Riesin	*Berserker-Braut*		anonym	Harbard-Lied
Odin	*Hramma*	'Reißer', 'der mit der Krallenhand' =?= Bär/Berserker	Thjodolfr Arnorrson	Magnusflokkr

Diese erste Kenning bestätigt, daß die Berserker „Schildrand-Beißer" sind, und die Heiti (ein-Wort-Umschreibung) zeigt, daß wahrscheinlich auch Odin ein Berserker gewesen ist.

12. b)   Bären-Kenningar

Manche Bären-Kenningar beziehen sich ganz naturalistisch auf das Verhalten der Bären:

Winter	*Nacht aller Bären*		Winterschlaf	Hallar-Steinn	Rekstefja

Ein Teil der mit „Bär" gebildeten Kenningar ist aber durchaus interessant:

Geirröd	*Fußboden-Bär*	er schläft auf dem Boden	Eilifir Godrunason	Thors-drapa
Hrungnir	*Bär der geheimen Rückzugsorte vor den lauten Stürmen*	Bär = Riese; laute Stürme = Kampf; Rückzugsort = Hrungnir ist feige	Tjodolfr von Hvini	Haust-löng
Riese	*Fußboden-Bär*	schläft auf dem Boden; hier: Geirröd	Eilifir Godrunason	Thors-drapa
Thor	*Björn*	'Bär' (= Stärke)	Snorri Sturluson	Thulur
Keiler	*Toten-Bär*	Tier der Toten, mit dem sich die Toten bei der Wiederzeugung identifizierten?	Snorri Sturluson	Thulur

Geirröd und Hrungnir sind beides Namen des Tyr als Riese in der Unterwelt. Ihre Bezeichnung als „Bär" könnte einfach abfällig gemeint sein und die Grabkammer in Tyrs Hügelgrab, in dem er während des Winters liegt, als „Bärenhöhle" umschreiben. Es ist aber durchaus auch denkbar, daß dabei noch die Erinnerung an Tyr als Berserker mitgeschwungen hat. Aus dem „Bären-Krieger Tyr in der Grabkammer" wäre dann der „Bär Tyr in seiner Winterhöhle" geworden.

Thors Umschreibung als „Bär" weist auf jeden Fall auf seine „Bärenstärke" hin. Ob auch hier eine Assoziation zu den Berserkern mitgeschwungen hat, ist ungewiß.

Die Umschreibung eines Keilers als „Toten-Bär" könnte eine einfache Umschreibung wie „See-Roß" sein: ein Tiername, dem mit einem zweiten Substantiv sein Tätigkeitsbereich hinzugefügt wird, wodurch deutlich wird, was gemeint ist. Es ist allerdings auch eine Assoziation zu Tyr als Bär nicht auszuschließen. Das kann man zwar aus dieser Kenning alleine nicht sicher schlußfolgern, aber es würde zu den übrigen Verbindungen zwischen Tyr und den Berserkern passen.

Der Großteil der Bären-Kenningar bezieht sich auf die Umschreibung der Schiffe als „Meeres-Bär" u.ä.:

Schiff	hohler Bär		anonym	Runenstein von Eggjum
Schiff	Bär des Seekönigs		Kormak	Kormak-Saga
Schiff	Bär der Flut		Markus	(Skaldskaparmal)
Schiff	Bärenjunge des Flusses		Markus	(Skaldskaparmal)
Schiffe	Wogen-Bär		Kalfr Hallsson	Katrinardrapa
			anonym	Placitusdrapa
Schiff	Bug-Bär		anonym	Ketil Forelle
Schiff	Segel-Bär		Guthorm Schlacke	Hakonardrapa
Schiff	Bär der gedrehten Taue		Refr	(Skaldskaparmal)
Schiff	Bär der Takelage		Refr	(Skaldskaparmal)
Schiff	Gischt-brüstiger Anker-Bär	Gischt-brüstig = Bugwelle	Markus	(Skaldskaparmal)
Schiff	Rollen-Bär		Oddi der Kleine Glumsson	Lausavisur

12. c) Zusammenfassung

Die erstaunlich wenigen Berserker-Kenningar bestätigen zum einen, daß die Berserker zum Erzeugen ihrer Kampfekstase in den Rand ihres Schildes bissen, und daß Tyr als Bär, d.h. vermutlich auch als Berserker aufgefaßt worden ist.

13. Personennamen

Die Personennamen ermöglichen die Betrachtung der Eigenschaften, die von den Germanen ihren Kindern gewünscht wurden. Aus den mit „Bär" gebildeten Personennamen lassen sich daher Rückschlüsse auf die Eigenschaften der Berserker ziehen.

13. a) Personennamen allgemein

Bei einem Teil der Personennamen ist deutlich, daß sie sich auf die Berserker beziehen:

Bären-Personennamen: 1. Berserker		
Namen		*Bedeutung*
Männer	*Frauen*	
Biarnhedinn		Bärenfell, Berserker
Bjarnmodur		Bären-Wut
Björghedinn		Schutz-Fell
Thjodbiörn		Wut-Bär, Kampf-Bär (Tjost = Turnier)
Hildiglumr		Kampf-Dunkler = Kampf-Bär = Berserker
Hildebjörn		Kampf-Bär = Berserker
Vämodh		heilige Wut (Ekstase)
Thidrandi		Zitternder (Ekstase/Wut)
Öringr		Mann aus der Sippe des Wütenden/Ekstatikers
Thrasar		Tobender Speer, Tobendes Heer
Thrawo-Windur		Toben-Sieger (Sieger durch einen Ekstasekampf)
Abjörn		Schreckens-Bär =?= Berserker

Bei einem weiteren Teil der Personennamen werden die Männer und in einem Fall auch eine Frau allgemein als Krieger bezeichnet:

82

Bären-Personennamen: 2. Krieger		
Namen		**Bedeutung**
Männer	*Frauen*	
Äbjörn		Schneiden-Bär
Geirbiörn		Speer-Bär
Skaldbjörn		Schild-Bär
	Berlind	Bären-Linde, Bären-Schild
Herbjörn, Härbiorn		Heer-Bär
Bernhard		Starker Bär
Meginbjörn		Macht-Bär
Fastbiorn		Standfester Bär
Sigurbjörn, Sigbiorn	Sigurbirna	Sieg-Bär
Hrodbiörn		Ruhm-Bär
Sebiorn		See-Bär = Wikinger

Teilweise ist „Bär/Bärin" zu einer allgemeinen Bezeichnung für „Mann/Frau" geworden, was zeigt, daß die mit „Bär" gebildeten Personennamen sehr beliebt gewesen sein müssen – was vermutlich sowohl an der großen Kraft der Bären als auch an der Assoziation zu den Berserkern gelegen haben wird.

Bären-Personennamen: 3. Bär = Mann/Frau		
Namen		**Bedeutung**
Männer	*Frauen*	
Hallbjörn	Hallbera	Hallen-Bär(in) = Hausherr, Hausherrin
Audbjörn, Eydbjörn		Besitz-Bär = reicher Mann
Hugbjörn		Gedanken/Geistes-Bär = weiser Mann
Fridbjörn		Friedens-Bär
Botbiorn		Helfender Bär

Der Name „Gudbjörn" könnte sich auf Tyr beziehen, da dieser auch „Gud" genannt wurde (wie z.B. in seinem Beinamen „Gudmund" = „Gotteshand"). Der Frauenname „Gudbera" wäre dann eine sekundäre Feminin-Bildung dazu.

Der „Sonnenbär" könnte sich auf Tyr als Sonnengott und Berserker-Gott beziehen. „Freyr-Bär" ist vermutlich eine spätere Analogiebildung zu „Gudbjörn".

Bären-Personennamen: 4. Götter		
Namen		*Bedeutung*
Männer	*Frauen*	
Gudbjörn	Gudbera	*Gottes-Bär(in) =?= Tyr*
Solbjörn		*Sonnen-Bär =?= Priester*
Fröbiorn		*Freyr-Bär*

13. b) Viga-Glum

Der Name des Viga-Glum, nach dem eine Saga benannt worden ist, bedeutet „Kampf-Dunkler". Da „Dunkler" vermutlich eine Umschreibung für „Bär" ist, ist dieser „Kampf-Bär" wahrscheinlich als „Berserker" verstanden worden.

Dieser Name entspricht den beiden Männernamen „Hildebiörn" und „Hildiglumr" („Kampf-Bär")

13. c) Zusammenfassung

Die Berserker müssen einst in hohem Ansehen gestanden haben, da sonst keine Personennamen entstanden wären, die „Berserker" bedeuten.
Die Berserker sind vermutlich mit Tyr assoziiert worden.

14. Zusammenfassung

Die Berserker verwandelten sich symbolisch-magisch in einen Bären, um in ihre Kampf-Ekstase zu geraten.

Die Berserker trugen oft ein Bärenfell als ihr Kennzeichen. Sie werden den Bären, von dem dieses Fell stammte, recht sicher selber getötet haben. Bei dieser Gelegenheit werden sie auch das Blut des Bären getrunken haben, um dessen Kraft zu erhalten.

Die Berserker-Ekstase ist demnach zumindestens ursprünglich einmal eine Identifizierung mit einem Bären gewesen.

Diese Kampf-Ekstase wurde vermutlich zunächst mit dem ehemaligen Göttervater Tyr und später nach dessen Absetzung um 500 n.Chr. mit Odin und eher lose auch mit Thor verbunden.

Die Kampfekstase beginnt naturgemäß vor oder während eines Zweikampfes oder in einer Schlacht. Zum Teil wird sie durch besondere Ereignisse wie durch den Tod eines Gefährten hervorgerufen.

Manche Berserker fallen oft in die Kampfekstase, manche seltener. Manchmal tritt die Berserker-Wut auch erst in späteren Jahren bei einem Mann aus einer Familie, in der es viele Berserker gibt, auf.

Die Ekstase wird durch Heulen und Brüllen sowie das Beißen in den Schildrand hervorgerufen. Dieses Gebrüll wird als das Heulen von Wölfen und das Bellen von wilden Hunden beschrieben – es scheint sich also eher auf die Ulfhedinn („Wolfshaut-Leute") als auf die Berserker („Bärenfell-Leute") zu beziehen.

Das von Tacitus berichtete Singen oder Knurren der Germanen in ihren Schild könnte ein Vorläufer dieses Berserker-Geheuls sein.

In einem Fall wird auch das Schütteln der Waffen berichtet.

Vermutlich werden die Berserker bei dem Hervorrufen ihrer Berserker-Wut nicht ruhig und entspannt dagestanden haben, sondern mit ihren Füßen gestampft haben. Dies wird zwar nirgendwo beschrieben, aber es ergibt sich fast zwangsläufig aus dem Hervorrufen einer „Raserei".

Zwei weitere Elemente, die über das Hervorrufen der Kampfekstase berichtet werden, sind das Verschlucken von glühenden Kohlen und das Laufen über Feuer. Dies wird jedoch eine Umdeutung einer Fähigkeit in eine Ursache sein, da in der Regel berichtet wird, daß die Berserker „gegen Feuer und Stahl gefeit gewesen sind".

Die innere Hitze, die „Bärenhitze", das Essen von glühenden Kohlen und die Feuerläufe sowie der häufige Hinweis, daß die Berserker weder von Feuer noch von Eisen verletzt werden können, zeigt, daß auch das Feuer ein wichtiges Element in der Berserker-Ekstase ist. In dem Kapitel „Kundalini" in Band 64 wird gezeigt, daß sich diese Ekstase aus dem indogermanischen Kundalini-Yoga (tibetisch: „Tummo") entwickelt hat. Auch die Feuer-Rituale und die Feuerlauf-Rituale der Indogermanen sind mit dieser Symbolik eng verwandt.

In einem Fall wird auch ein Lachanfall und eine sich daraus ergebende Blässe als Vorgang vor Beginn der Kampfeswut beschrieben.

Während des Kampfes werden beim Eintreten der Berserker-Wut oft die Brünne, der Schild und der Helm fortgeworfen. Die Berserker gehen dann vollkommen auf Angriff und lassen jegliche Verteidigung außer acht.

Die Berserker können Steine schleudern, die nachher niemand mehr aufheben kann.

Nach dem Kampf sind sie dann manchmal schwach wie nach einer Krankheit.

Die Fähigkeit zur Berserker-Ekstase ist häufig entweder erblich gewesen oder vom Vater dem Sohn gelehrt worden.

Einige Berserker haben nackt gekämpft und sich teilweise blau bemalt. Dies scheint eine alte germanisch-keltische Tradition zu sein.

Die Berserker waren die „Elitekämpfer" der Könige. In sehr vielen Fällen haben die Könige zwölf Berserker um sich geschart. Diese Zahl entspricht den zwölf Asen, die bei Odin in Asgard waren.

Manchmal hatte auch ein Berserker zwölf Begleiter.

An den Königshöfen, an denen Berserker lebten, scheinen diese Rituale gehabt zu haben, durch die sie ihre Überlegenheit über alle anderen Krieger proklamierten – niemand wagte sie herauszufordern.

Einige Berserker haben zumindestens in späterer Zeit die Landbevölkerung durch die Herausforderung zu Zweikämpfen, durch Raub und Vergewaltigungen tyrannisiert.

Die absichtliche Verwandlung in einen realen Bären ist eine erste Stufe der Übertragung der konkreten Erfahrungen mit Berserkern in den Bereich der Saga.

Die zweite Stufe ist die Verwandlung eines Mannes durch einen „böse Zauberin" in einen Bären.

Die dritte Stufe findet sich in den späten Sagas, in denen die Berserker mit den verschiedensten mythologischen Gestalten wie den Blaumenschen (Toten), den Riesen und der Hel vermischt worden sind.

Es treten auch Riesinnen mit Bärenfell auf.

Es ist denkbar, daß das Gefeitsein gegen Feuer und Stahl aus den Mythen des ehemaligen Göttervates Tyr stammt, der als Schwertgott und Sonnengott nicht durch das

Schwert oder durch Feuer getötet werden konnte.

Die indogermanischen Ursprünge der Berserker werden in dem folgenden Kapitel zusammen mit den Ursprüngen über die „Ulfhedinn" beschrieben. Dort wird auch der Unterschied zwischen den Berserkern und den Ulfhedinn sowie deren Verbindung zu Tyr und Odin genauer betrachtet.

B   Die Ulfhedinn

Die Wolfskrieger sind nicht nur in der germanischen, sondern in der gesamten indogermanischen Religion und Kultur ein wesentliches Element.

I   Die Ulfhedinn in der germanischen Überlieferung

Das Vorhandensein von zwei Gruppen von Kriegern in der germanischen Kultur, die mit einem Tier assoziiert worden sind, wirft die Frage nach den Unterschieden zwischen den Ulfhedinn-Wolfskriegern und den Berserker-Bärenkriegern auf.

1.   Die Bezeichnung „Ulfhedinn"

„Ulfhedinn" bedeutet zunächst einmal „Wolfsfell, Wolfshaut". Ein „hedinn" ist jedoch auch eine kurze, ärmellose Felljacke mit Kapuze. Diese Kapuze ist die Ursache für die Redewendung „einen Hedinn um den eigenen Kopf wickeln" für „sich verbergen; sich unkenntlich machen" – diese Kapuze muß also recht groß gewesen sein.

Neben der Benennung „ulfhedinn" gab es auch die seltenere Bezeichnung „ulfhamr", die ebenfalls „Wolfsfell" bedeutet. „Hamr" hat jedoch auch noch die Bedeutung „Gestalt, Form, Aussehen". Ein Gestaltwandler wurde „Hamhleypa" genannt. Das Verb „hleypa" bedeutet „antreiben, bewegen; auswerfen, abwerfen; häuten, schälen; galoppieren".

Ein Mannes, der zum Ulfhedinn („Wolfsfell-Mann") bzw. zum Ulfhamr („Wolfsgestalt-Mann") wird, ist aufgrund dieser Verwandlung auch ein Hamhleypa („Fell-Wechsler" = Gestaltwandler). Das diesem Vorgang zugrunde liegende Bild ist das Ablegen der einen Haut und das Anlegen der anderen Haut, wodurch der Betreffende zwischen seiner Erscheinung als Mensch und als Wolf wechseln kann. Dasselbe Bild findet sich auch bei der Schwanengestalt der Walküren, der Falkengestalt des Loki oder der Adlergestalt des Tyr/Odin, die alle diese Verwandlungen zustande bringen, indem sie ein „Schwanen-Hemd", ein „Falken-Hemd" oder ein „Adler-Hemd" an- bzw. ausziehen.

Diese Vorstellung ist sehr weit verbreitet – sie findet sich z.B. auch bei den Indianern, in deren Mythen sich die (Kraft-)Tiere generell dadurch in Menschen verwandeln können, indem sie ihr Tierfell ablegen.

2. Die Kampfekstase

2. a) Gesta danorum

Frothis Gefährten begannen zu heulen. Als Erik sich zu ihnen gesellte, stießen sie laute Schreie wie heulende Wölfe aus, die einem das Blut gerinnen ließen.

Der König gebot ihnen, ihr Geheule zu beenden und sagte ihnen, daß menschliche Kehlen keine Tierstimmen machen sollten.

Das Wolfsgeheul ist hier keine Methode, um eine Kampfekstase zu erzeugen, sondern ein Ausdruck von Wut und evtl. auch von Gemeinschaft.

2. b) Hrafnsmal

In dem „Raben-Lied", das von dem Skalden Thorbjörn Hornklaue verfaßt worden ist, findet sich ein Lied über die Schlacht von Hafsfiord, die um 872 n.Chr. von dem zukünftigen norwegischen König Harald Schönhaar gegen die Jarle dieser Gegend geführt worden ist.

Dieser Schlacht-Bericht ist recht kunstvoll als ein Gespräch zwischen einer Walküre (die das Kriegsglück bestimmt) und einem Raben (der die Leichen frißt) gestaltet worden.

„Sie waren beladen mit Kriegern und mit weißen Schilden,
mit Speeren aus dem Westen und mit Schwertern aus Frankreich.
Die Berserker brüllten, die Ulfhedinn heulten
und Schwerter klirrten: Der Krieg war in vollem Gange!"
… … …

„Ich will Dich fragen, welche Stellung die Berserker haben,
Du Trinker der Leichen-Flut. Welche Aufgabe ist für sie bestimmt,
für diese kriegerischen Helden, die in den Kampf ziehen?"

„Ulfhedinn werden sie genannt, die blutige Schilde in der Schlacht tragen.
Sie röten ihre Speere, wenn sie zum Kampf kommen,
und sie handeln alle gemeinsam, als wenn sie nur ein Leib wären.
Ich zweifle nicht daran, daß der König bei solchen Gelegenheiten
nur auf Männer mit erprobtem Mut vertrauen wird."

Berserker („Bärenfell") und Ulfhedinn („Wolfsfell") werden oft gemeinsam genannt – sie unterschieden sich nur darin, daß sich die einen mit einem Bären und die anderen mit einem Wolf identifizierten.

2. c) Die Saga über die Siedler von Eyre

Bei dem Jarl waren zwei Brüder von schwedischer Abstammung, von denen der eine Halli und der andere Leikner genannt wurde. Sie waren große Männer – sowohl an Statur als auch an Stärke und zu ihrer Zeit konnte man nicht ihresgleichen in Norwegen oder sonst irgendwo finden.

Sie konnten die Berserker-Wut hervorrufen und sie waren nicht wie Menschen, wenn sie in Rage gerieten, sondern wie wahnsinnige Hunde, und sie fürchteten dann weder Feuer noch Stahl. Doch ihr alltägliches Benehmen war nicht unangenehm, solange niemand etwas tat, was sie ärgerte, aber wenn irgendjemand sie provozierte, waren sie die kampfeswütigsten aller Männer.

...

Als Halli das hörte, geriet er in Wolfs-Stimmung und war übel gelaunt.

Berserker, die wie sich wie Hunde gebärden, scheinen Ulfhedinn zu sein – man unterschied zumindestens in der späten Zeit nicht mehr genau zwischen diesen beiden Krieger-Arten.

2. d) Gesta danorum

Dort ging Starkad wie die Diener an den mit Gästen gefüllten Tafeln entlang. Die bereits genannten Neun heulten schrecklich mit abstoßenden Gesten und rannten umher als ob sie auf der Bühne wären und ermutigten einander zum Kampf. Einige sagen, daß sie den Krieger wie wütende Hunde anbellten, als er sich ihnen näherte.

Starkad tadelte sie dafür, daß sie sich selber lächerlich machten, indem sie derart unnatürliche Grimassen schnitten und sich selber mit weit grinsenden Wangen zu Narren machten, „denn daraus," erklärte er, „entsteht die gierige Maßlosigkeit der weichen und weibischen Verschwender."

2. e) Zusammenfassung

Es ist zunächst einmal keine Ulfhedinn-Wut sicher nachweisbar. Das Wolfsgeheul scheint eher ein Ausdruck der Wut und der „Rudel-Gemeinschaft" der Wolfskrieger als das Hervorrufen einer Kampf-Ekstase zu sein.

3. Die Erblichkeit der Fähigkeit zur Kampfekstase

3. a) Egil-Saga

Dieser Text ist bereits bei den Berserkern angeführt und besprochen worden. Für die Kommentare und den Stammbaum siehe daher Abschnitt „11. b" in dem Kapitel über die Berserker.

In dem folgenden Text werden die Begriffe „Berserker", „Gestaltwandler" und „Abendwolf" nicht deutlich unterschieden.

Kari von Berdla war für seine Stärke und seinen Wagemut bekannt – er war ein Berserker.

... ...

Über Ulf („Wolf") wird berichtet, daß er ein Großbauer war. Er stand früh auf und war sehr weise. Aber jeden Tag, wenn es Abend wurde, wurde er mürrisch, sodaß nur noch wenige zu ihm kommen und mit ihm sprechen konnten.

Er war ein Abendschläfer und es wird von allen gesagt, daß er ein sehr guter Gestaltwandler war. Er wurde Kved-Ulf („Abend-Wolf") genannt.

... ...

Skalla-Grim bereitete sich auf seine Fahrt vor und wählte aus seinem Haushalt und unter seinen Nachbarn die Stärksten und Zähesten aus, die zu finden waren. Einer war Ani, ein wohlhabender Landbesitzer, ein anderer Grani, ein dritter Grimolf sowie sein Bruder Grim, beides Männer aus dem Haus des Skallagrim, und die beiden Brüder Thorbjorn der Krumme und Thord der Kranke. Diese beiden wurden „Thorornas Söhne" genannt, sie wohnte nah bei Skallagrim und war in der Zauberei wohl bewandert. Beigaldi war ein „Kohlen-Beißer" (ein Nichtstuer, der meist am Feuer sitzt). Dann war da noch ein Mann, der Thorir Riese genannt wurde, und sein Bruder Thorgeir Erd-lang, Odd Einsiedler und Griss der Freigelassene.

Sie waren zu zwölft auf dieser Reise, alles stattliche Männer und mehrere von ihnen waren Gestaltwandler.

... ...

Kvedulf hatte seine Streitaxt in seiner Hand. Als er an Bord ging, befahl er seinen Männern, außen am Dollbord entlangzugehen und das Zelt von seinen Gabeln loszuschneiden, während er nach hinten zur Heck-Burg rannte.

Es wird gesagt, daß er da in die Gestalt-Stärke („hamrammr") geriet und ebenso mehrere seiner Gefährten. Sie erschlugen alle, die in ihren Weg gerieten, und dasselbe tat Skallagrim, als an Bord des Schiffes kam – und Vater und Sohn ließen ihre Hände nicht ruhen, bis das ganze Schiff befreit war.

... ...

Es wird von den Gestaltwandler-Männer oder den Männern, die einen Anfall von Berserker-Wut hatten, erzählt, daß sie, solange der Anfall dauerte, so stark waren, daß ihnen nichts widerstehen konnte, daß sie aber, wenn der Anfall vorüber war, schwächer waren, als ihnen lieb war.

So geschah es auch dem Kvedulf. Als der Gestaltwandler-Anfall von ihm wich, spürte er die Erschöpfung von dem Angriff, den er geführt hatte, und wurde so schwach, daß er sich ins Bett legen mußte.

... ...

Egil: „Willst Du, Skallagrim, Deine Gestalt-Stärke gegen Deinen eigenen Sohn wenden?"

... ...

Da bereitete Egil sein Schiff zur Fahrt und versammelte sich eine Schiffsmann-schaft. Unter ihnen war Aunund Sjoni, der Sohn des Ani von Anabrekka. Aunund war hochgewachsen und der stärkste der Männer dort in der Gegend – nun, manche sagten, daß er Gestalt-stark sei.

3. b)   Zusammenfassung

> Die Fähigkeit, in die Kampf-Ekstase der Berserker/Ulfhedinn war entweder erblich oder wurde in einzelnen Sippen den Nachkommen gelehrt.

4.   Tyr der Wolfskrieger

In der Überlieferung gibt es mehrere Verbindungen zwischen den Ulfhedinn und Tyr.

4. a)   Beowulf-Epos

Schon um 700 n.Chr., als dieses Vers-Epos bei den Angelsachsen verfaßt wurde, waren die Wolfskrieger bekannt:

/ *Da sproßen aus ihm*
solche Schicksals-gesandten / Geister wie Grendel,
solch ein gräßlicher Kriegs-Wolf, / der in Heorot
einen Krieger aus sich wartend fand. /

Mit „ihm" ist Kain gemeint – hier ist die Mythe christlich uminterpretiert worden.
Grendel ist Tyr als Riese in der Wasserunterwelt. Seine Bezeichnung als „Kriegs-wolf" kennzeichnet ihn entweder generell als Krieger oder als Ulfhedinn – das läßt sich hier nicht sicher entscheiden.
„Heorot" bedeutet „Hirsch-Halle" und ist die Halle des dänischen Königs.
Der „Krieger" in der letzten Zeile ist Beowulf.

4. b)   Vikarsbalkr

Der Sprecher dieser Verse ist der achtarmige Tyr-Riese Starkad, dem Thor einst die „überzähligen Arme" ausgerissen hat.

„Ich kam zum Kreis
der Knappen hier,
lichtbrauiger
loser Spötter:
es höhnen hier
und haben Spott
mit altem Recken
geringre Krieger.

Man meint an mir
ein Mal zu sehn
riesischer Art:
acht der Hände,
da die Hände
dem Hergrims-Töter
Thor einst nahm
auf Nordlandsklippen.

Jeder lacht,
laß ich mich sehn:
wilder Blick,
die Wolfsschnauze,
graues Haar,
hängende Schultern,
rauhe Haut,
den Hals voll Narben."

Der „Hergrims-Töter" ist Starkad.

Die „Wolfsschnauze" ist vermutlich ein Merkmal der Ulfhedinn, weil sich an dem Wolfsfell, daß sie trugen, noch der Schädel des Wolfes befunden haben könnte, der dann zu einem Teil der Kapuze des Ulfhedinn wurde.

Tyr-Starkad ist hier ein Wolfskrieger, ein Ulfhedinn.

4. c)   Die Saga über Thorsteinn Hausmacht

In dieser Saga wird berichtet, daß auch König Heidrek, der eine der Sagen-Varianten des ehemaligen Kriegsgott-Göttervaters Tyr ist, ein Ulfhedinn gewesen ist. Da die Ulfhedinn Krieger waren und Tyr der Kriegsgott, muß auch Tyr ein Wolfs-Krieger gewesen sein.

Da sah Thorstein drei gut gerüstete Männer daherreiten, die so groß waren, wie er noch nie Männer gesehen hatte. Der, der in der Mitte ritt, war der größte. Er trug golddurchwirkte Kleider und ritt auf einem fahlen Roß. Die beiden anderen ritten auf grauen Pferden und trugen scharlachrote Kleidung.

Als sie zu dem Ort gegenüber von dem kamen, an dem Thorsteinn war, sagte der eine von ihnen, der der Anführer war: „Was bewegt sich dort in den Eichen?"

Thorstein stieg hinab vor sie und grüßte sie. Es gab viel Gelächter und der größte von den dreien sprach: „Es geschieht nur selten, daß solche Menschen zu uns kommen. Was ist Dein Name und woher kommst Du?"

Thorstein nannte seinen Namen und sagte, daß er Haus-Macht genannt würde, „und meine Familie lebt in Norwegen und sie gehören zu dem Gefolge des Königs Olaf."

Der größte der Männer lächelte und sprach: „Das Gerede über seine königliche Pracht ist eine große Lüge, wenn er niemanden hat, der tapferer ist. Es scheint mir, daß Du eher ein Haus-Kind als eine Haus-Macht bist."

„Dann gib mir ein Namens-Geschenk," sagte Thorsteinn.

Der größte der Männer nahm einen Goldring von seinem Finger und gab ihn Thorsteinn. Er wog drei Auren.

Es war üblich, bei der Verleihung eines Namens oder eines Beinamens dem Benannten ein Geschenk zu machen.

Ein „aura" entspricht einer Unze, was bedeuten würde, daß der Goldring 85g gewogen hat. Bei einer Ringbreite von 1cm und einer Ringdicke von 3mm (ein sehr schwerer und protziger Ring!) ergäbe sich für Gudmund immer noch eine Fingerdicke von 4,7 cm (85g Gold = 4,47cm³ = Goldstreifen von 149mm Länge).

Bei derartig dicken Fingern ist Gudmund ist offensichtlich ein Riese – Gudmund ist ein Beiname des Tyr gewesen, der in der Unterwelt zu einem Riesen wurde.

Wenn man das Gewicht des Ringes wörtlich und nicht symbolisch nimmt, scheint es wahrscheinlicher, daß es sich um einen Halsreif gehandelt hat, der dann bei einer Dicke von 5mm und einer Breite von 5mm einen Durchmesser von 59cm gehabt hätte, was eher zu einem Mann paßt, der noch von einem Pferd getragen werden kann – sofern dieser Riesen-Mann nicht auch auf einen Riesen-Pferd reitet ...

Thorsteinn sprach: „Was ist Dein Name und woher kommst Du und in welches Land bin ich hier gekommen?"

„Mein Name ist Gudmund. Ich herrsche über den Ort, den Glasir-Ebene genannt wird. Das ist ein Teil des Landes, das Riesen-Land genannt wird. Ich bin ein Königssohn und meine beiden Junker werden Fullsterk und Allsterk genannt. Aber hast Du hier heute Morgen irgendwelche Männer vorüberreiten sehen?"

Das „Riesenland" ist das Jenseits. Gudmund ist offensichtlich der Riesenkönig bzw. dessen Sohn. Der Riesenkönig ist wiederum der ehemalige Göttervater Tyr im Jenseits, der von seinen beiden Söhnen, die hier Junker sind, begleitet wird. Diese beiden Söhne können auch die Gestalt von Pferden annehmen und wurden Alcis genannt (siehe den Band 12 über die „Alcis").

Der Name „Gudmund" bedeutet „Gotteshand" und bezieht sich offensichtlich auf die Hand, die Tyr durch den Fenris-Wolf verlor. Die beiden Namen „Fullsterk" und

„Allsterk" seiner Söhne bedeutet „Ganz-Stark" und „All-Stark".

„Gläsir" bedeutet „Glänzender" oder „Goldener" und ist der Name des Weltenbaumes, der neben Odins Halle steht. Die „Glanz-Ebene" ist folglich der Ort, an dem der Weltenbaum steht. Dies ist eine weitere Bestätigung dafür, daß Gudmund der ehemalige Göttervater ist.

Gudmund und seine beiden Begleiter sind also die Sagen-Variante des ehemaligen Göttervaters Tyr und seiner beiden Pferde-Söhne.

Thorsteinn antwortete: „Zweiundzwanzig Männer ritten hier vorüber ohne innezuhalten."

„Das waren meine Junker," sagte Gudmund, „Hier in der Nähe liegt das Land, das man Riesen-Land nennt. Dort herrscht ein König, der Geirröd genannt wird. Wir sind ihm tributpflichtig. Mein Vater war Heidrek Ulfhedinn der Vertrauenswürdige. Er wurde Gudmund genannt, wie jeder König, der hier in der Glasir-Ebene lebt.

Als mein Vater jedoch den Tribut zu dem König bringen wollte, starb er auf der Fahrt. Der König gewährte mir, daß ich von ihm ein Bestattungsfest für meinen Vater erhalte und den Rang meines Vaters einnehmen soll.

Aber wir sind nicht glücklich damit, den Riesen dienen zu müssen."

Geirröd ist eine weitere Form des Tyr als Riese im Jenseits. Da Godmunds Vater gestorben ist, scheint Godmund der junge, wiedergeborene Göttervater zu sein.

„Heidrek" bedeutet „Lichtkönig" – ein ausgesprochen passender Name für den ehemaligen Sonnengott-Göttervater Tyr. Sein Beiname „Ulfhedinn" bedeutet „Wolfshaut" und weist darauf hin, daß in der Lage war, in sich die Wolfs-Kampfekstase hervorzurufen. Dies paßt ebenfalls gut zu Tyr, da er auch der Kriegsgott gewesen ist.

Interessant ist auch die Aussage, daß alle Könige der Glasir-Ebene, also des Weltenbaum-Landes (= Asen-Heim) „Godmund" genannt wurden. Dies zeigt, daß Gudmund ein Ase gewesen sein muß und daß er sozusagen nach seinem Tod immer wieder als sein eigener Sohn zurückgekehrt ist – der zyklische Tod und die anschließende Wiedergeburt des ehemaligen Sonnengott-Göttervaters Tyr.

4. d) Wortschatz

jötun-modr   - Riesen-Wut (der Riese ist wahrscheinlich der ehemalige Kriegsgott und Sonnengott-Götterkönig Tyr)

as-megin   - Asenkraft, insbesondere die des Thor – vermutlich hat Thor dieses Motiv von Tyr übernommen

4. e)   Fenrir

Als Ulfhedinn hieß Tyr einst Fenrir, d.h. „der aus dem Sumpf kommt". Damit ist die morgendliche Rückkehr des Sonne aus der Wasser-Unterwelt gemeint – Tyr war auch der Sonnengott.

Der mächtigste Gott war auch der größte Wolf …

Um dieses Motiv bei dem Umbau der Tyr-zentrierten Mythen zu Odin-zentrierten Mythen um 500 n.Chr. zu neutralisieren, haben die Priester-Skalden den Fenrir zu dem Feind des Tyr umgedeutet und ihn dem Tyr die Hand abbeißen lassen, die ihm vorher durch Loki bei seiner Niederlage gegen diesen Wintergott abgeschlagen worden ist (siehe auch den Band 3 über „Tyr").

„Divide et impera", wie der Lateiner sagt … „Teile und herrsche".

Siehe dazu auch den Abschnitt über Fenrir in dem Kapitel „Wolf" in Band 43.

4. f)   Geri und Freki

Als Thor und Odin um 500 n.Chr. den nordgermanischen Göttervater Tyr abgesetzt haben, fielen seine aus ihrem ursprünglichen Zusammenhang herausgelösten mythologischen Motive als „Beute" an die beiden neuen Herren in Asgard.

Zum Teil mußte diese Beute umgeformt werden, damit sie „paßte": Tyrs goldenen Sonnenhelm konnte Odin gelegentlich auch selber tragen; für Tyrs Sonnenschild hatte Odin hingegen keine rechte Verwendung, weshalb er ihn vervielfältigte und damit dann Walhalls Dach deckte; und das leuchtende Sonnenschwert benutzte er als Beleuchtung im Inneren von Walhall. Aus den beiden Alcis-Söhnen als den beiden Rossen vor dem Sonnen-Streitwagen des Tyr erschuf Odin sein achtbeiniges „Doppel-Roß" – schließlich konnte er nicht mit weniger PS unterwegs sein als sein Vorgänger. Aus den beiden Alcis als Wolfskriegern wurden Geri und Freki; und aus den beiden Alcis als Seelenvögel wurden Odins Raben Hugin und Munin.

So zeigt sich an den beiden Wölfen des Odin indirekt, daß Tyr und seine beiden Söhne einst Wolfskrieger gewesen sind …

4. f) Zusammenfassung

Tyr ist bis 500 n.Chr. als Sonnengott-Göttervater und als Schwertgott-Kriegsgott auch ein Ulfhedinn gewesen. In seiner Wolfsgestalt hieß er Fenrir, d.h. „der aus dem Sumpf kommt", womit die Wiedergeburt der Sonne gemeint ist.

Einer der Beinamen des Tyr in dieser Zeit ist „Heidrek Ulfhedinn" gewesen: „Lichtkönig mit dem Wolfsfell".

5. Odin der Wolfskrieger

Um 500 n.Chr. hat Odin die Ulfhedinn-Symbolik vermutlich von dem von ihm abgesetzten ehemaligen nordgermanischen Sonnengott-Göttervater Tyr übernommen.

Es stellt sich hier die Frage, ob Odin diese Symbolik auch schon vorher bei den Südgermanen besessen hat.

5. a) Harbard-Lied

Thor:
„Steure nur her die Eiche, die Stätte zeig ich Dir,
Doch wem gehört das Schiff, das Du hütest am Land?"

Harbard:
„Hildolf heißt er, der mich's zu halten bat,
Der ratkluge Recke, der in Radsei-Sund wohnt.
Er widerriet mir, Strolche und Roßdiebe zu fahren:
Nur ehrliche Leute und die mir lange kund sein.
Sag Deinen Namen, wenn Du über den Sund willst."

„Hildolf" bedeutet „Kampfwolf" und könnte ein Beiname von Odin selber sein, da er ein Kriegsgott ist und von Wölfen begleitet wird.

Noch besser würde dieser Name jedoch zu Tyr passen, da die Wolfskrieger („Ulfhedinn") eine alte indogermanische Tradition sind und Odin als Schamanengott eher mit den Bärenkriegern („Berserker") verbunden war, da die Großraubtiere wie der Bär generell mit den Schamanen assoziiert worden sind.

Da „Hildolf" Odins Auftraggeber ist, ist zudem anzunehmen, daß Hildolf nicht mit Odin identisch ist.

5. b) Zusammenfassung

Da jeder direkten Zusammenhang zwischen den Ulfhedinn und Odin fehlt, ist anzunehmen, daß die Ulfhedinn einst zu Tyr gehört haben.

Möglicherweise gehörten die Berserker zu dem Schamanengott-Kriegsgott Odin, da das Großraubtier in so gut wie allen Kulturen den Schamanen als den „Mann mit der großen magischen Macht" kennzeichnet.

6. Wolfs-Krieger

Es sind einige Darstellungen von Wolfskriegern erhalten geblieben. Sie bestätigen die schriftlichen Berichte über die Ulfhedinn.

6. a) Die Schwertscheide von Gutenstein

Diese um ca. 650 n.Chr. hergestellte Schwertscheide wurde in Sigmaringen an der oberen Donau gefunden. Auf ihr ist ein Ulfhedinn dargestellt worden – vermutlich der Besitzer des Schwertes, zu dem diese Scheide gehört hat.

die Schwertscheide

der Ulfhedinn mit dem Schwert in seiner Hand

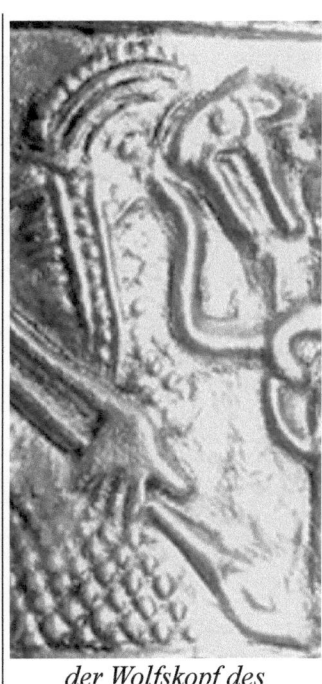

der Wolfskopf des Ulfhedinn

Es lohnt sich, auch die anderen Details der Schwertscheide genauer zu betrachten.

Bild unter dem Ulfhedinn

Es ist anzunehmen, daß dieses Motiv etwas dargestellt hat, was für den Ulfhedinn und sein Schwert von Bedeutung gewesen ist. Das Motiv ist leider genauso stark stilisiert worden wie die Motive auf den in etwa zeitgleichen Brakteaten (runde Amulette aus Gold). Es läßt sich nur noch raten, was hier dargestellt worden ist … eine aufgehende Sonne?

1. Bilderpaar unter dem Ulfhedinn

2. Bilderpaar unter dem Ulfhedinn

Das linke Paar könnte zwei zur Mitte hin blickende Krieger mit langem Haar darstellen, so wie sie auch auf den Brakteaten zu finden sind, auf denen sie Tyr oder Odin verkörpern. Tyr/Odin wäre dann der Beschützer des Wolfskriegers.

Bei dem rechten Paar kann man wieder nur raten – zwei Wölfe, die die beiden Alcis-Söhne des Tyr bzw. die beiden Wölfe Geri und Freki des Odin sind? Wenn diese Deutung zutreffen sollte, würden ihre Mäuler zur Mitte hin zeigen.

 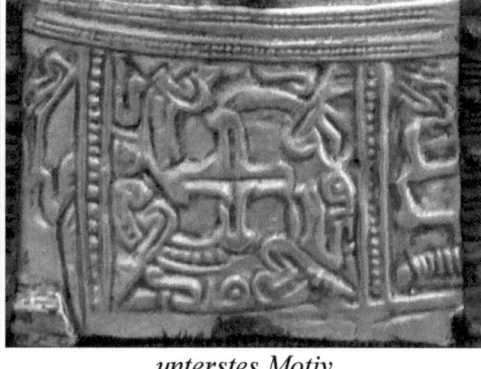

| *3. Bilderpaar unter dem Ulfhedinn* | *unterstes Motiv* |

Das linke Paar scheint eine auf dem Kopf stehende Variante des ersten Bilderpaares zu sein und könnte somit wieder Tyr/Odin darstellen. Sicher ist diese Deutung jedoch nicht.

Das rechte Motiv ist dreiteilig.

Links ist in dem schmalen Streifen einigermaßen deutlich ein Wolf zu erkennen, dessen Kopf nach oben weist und dessen rechte Vorderpfote auf dem senkrechten „Punkt-Streifen" steht. Dieser Wolf gibt der Vermutung, daß das mittlere Bilderpaar zwei Wölfe darstellt, ein wenig Rückhalt.

Das Muster in dem rechten schmalen Streifen ist wieder zu stark stilisiert worden, um es noch klar erkennen zu können. Ist unten ein Mensch mit seinen Füßen nach rechts hin abgebildet?

Das mittlere Bild ist deutlicher. Sein Zentrum ist eine Swastika (Sonnenrad), deren Arme bogenförmig im Uhrzeigersinn von dem Kreuz abgewinkelt sind. Das Bild scheint symmetrisch zu sein – an den vier Seiten könnte jeweils ein stark stilisierter Wolf dargestellt sein, von dem sich jeweils nur der Kopf mit dem Auge und ein Bein erkennen oder eher ahnen lassen.

Auf der Schwertscheide sind also die folgenden Motive dargestellt worden: ein Wolfskrieger; ein Sonnenaufgang (???); zwei Krieger, die Tyr/Odin sein könnten; zwei Wölfe (?), die Wiederholung der beiden Krieger auf dem Kopf stehend, d.h. evtl. im Jenseits (?); ein Wolf; ein Mann (?); und ein Sonnenrad (Tyr?), das evtl. von vier Wölfen umgeben ist.

Das Schwert in dieser Schwertscheide wird vermutlich einem Ulfhedinn gehört haben, der Tyr/Odin als seinen Beschützer angesehen hat.

6. b) Bronzeplatten von Torslunda

Auf der Insel Öland, die 6 km von dem südostschwedischen Festland entfernt liegt, wurde vier bronzene Platten gefunden, die als Matrize zur Herstellung von kleinen, geprägten Goldblechen („Goldgubber") diente, die als Amulette verwendet worden sind. Auf ihr ist unter anderem auch ein Ulfhedinn zu sehen.

zwei Kämpfer mit Eber-Helm

Krieger mit Vogelkopf-Hörner-Helm und Wolfsfell-Krieger (Ulfhedinn)

Krieger und zwei Bären

Krieger hält Ungeheuer (Bär?) an einem Seil

6. c) Völsungen-Saga

Die Geschichte erzählt, daß Sigmund den Sinfiötli noch für zu jung hielt, um ihm bei seiner Rache zu helfen. Daher wollte er ihn zunächst mit männlichen Taten härten. Daher zogen sie im Sommer durch die Wälder und töteten Männer ihres Reichtums wegen.

Diese „unmoralische Lebensweise" war für einen Wikinger nichts Besonderes, da sie zu einem guten Teil von den Raubüberfällen auf ihren Reisen mit ihren Drachenbooten lebten.

Sigmund schien, daß er sehr nach der Art der Völsungen schlug, obwohl er dachte, daß er Siggeirs Sohn sei, und ihm schien, daß er das böse Herz seines Vaters zusammen mit der Kraft und dem Wagemut der Völsungen habe, denn nur allzuoft brachte er Sigmund die Übeltaten in Erinnerung, die Sigmund zugefügt worden waren und stachelte ihn an, König Siggeir zu töten.

Als sie so eines Tages durch den Wald zogen, um Beute zu machen, fanden sie ein bestimmtes Haus und zwei Männer mit Goldringen, die in ihm schliefen. Diese beiden waren durch Zauberbanne gebundene Gestaltwandler und Wolfsfelle hingen über ihnen in dem Haus und jeden zehnten Tag konnten sie aus diesen Fellen herauskommen und sie waren Königssöhne. Da legten Sigmund und Sinfiötli sich die Wolfsfelle an, sodaß sie auf keine Weise mehr aus ihnen herauskommen konnten, obwohl dennoch ihr voriges Wesen in ihnen erhalten blieb: Sie heulten wie Wölfe, aber sie konnten beide das Heulen der Wölfe verstehen. Sie liefen hinaus in den Wild-Wald und jeder ging seines Weges und sie verabredeten miteinander, daß sie den Angriff auf sieben Männer wagen würden, aber nicht mehr, und daß der von ihnen, der zuerst mehr Männer angriff, zuerst in der Wolfsweise heulen sollte: „Laß' uns davon nicht abweichen," sprach Sigmund, „denn Du bist jung und zu kühn und den Männern wirst Du eine gute Beute erscheinen, wenn sie Dich ergreifen."

So ging jeder seines Weges und als sie getrennt waren, stieß Sigmund auf gewisse Männer und ließ ein Wolfsheulen ertönen und als Sinfiötli dieses hörte, lief er geradewegs hinzu und tötete sie alle und dann trennten sie sich wieder.

6. d) Hamburgische Kirchengeschichte

Der Bischof Adam von Bremen berichtet über Hundekopf-Menschen, die vermutlich durch die Ulfhedinn mit ihren Wolfsfellen, an denen sich noch der Wolfskopf befunden haben könnte, inspiriert worden sind.

Ingleichen sollen an diesen Gestaden des baltischen Meeres die Amazonen wohnen, was man jetzt das Land der Weiber nennt. Diese sollen nach einigen vermittelst des Genusses von Wasser Leibesfrucht empfangen. Andere erzählen auch, sie würden schwanger von den gelegentlich sie besuchenden Handelsleuten oder von den Gefangenen, die sie bei sich hätten, oder von Ungeheuern, die dort nicht selten sind. Und dies halte ich auch für glaubwürdiger.

Und wenn sie zum Gebären kommen, so werden die Geburten, wenn sie männlichen Geschlechtes sind, Hundsköpfe, wenn aber weiblichen, die schönsten Mädchen. Diese leben zusammen und verschmähen den Umgang mit Männern, die sie sogar, wenn sie zu ihnen kommen, in mannhaftem Kampfe zurückschlagen.

Hundsköpfe aber sind Wesen, die den Kopf an der Brust haben. In Rußland sieht man sie oft als Gefangene, und sie bellen die Worte mit der Stimme hervor.

Dort sind auch die, welche Alanen oder Albaner, oder in ihrer Sprache Wizzen heißen, die blutgierigsten Vielfraße. Sie werden mit grauen Haaren geboren. Ihrer gedenkt als Gewährsmann Solin. Ihr Land wird von Hunden verteidigt. Wenn einmal gekämpft werden muß, so bilden sie aus Hunden die Schlachtordnung.

6. e) Zusammenfassung

Die Ulfhedinn trugen als ihr Abzeichen ein Wolfsfell.

In der Spätzeit stellte man sie sich des öfteren als Menschen mit Wolfs- oder Hundeköpfen vor.

---

7.   Krieger mit Wolfsfell

Im Vergleich zu den Berserkern gibt es nur wenige Beschreibungen der Ulfhedinn – vielleicht weil Odins Bärenkrieger nach 500 n.Chr. in den meisten Fällen an die Stelle von Tyrs Wolfskriegern getreten waren?

7. a)   Lied des Eyvindr

In seinem Skaldenkunst-Lehrbuch zitiert Snorri Sturluson aus einem Lied des Skalden Eyvindr:

Und dieser Held
trug im Sturm des Har
einen Umhang aus dem Fell
des grauen Gebüsch-Grinsers.

Har = Hoher = Odin
Gebüsch-Grinser = Wolf

7. b)   Gesta danorum

„Ist es der Riese, der dem König verhaßte,
der die Mitte des Weges mit seinen Schritten überschattet?
Kühne Krieger haben sich oft
unter den Fellen von Raubtieren verborgen.“

7. c)   Gisli-Saga

Auch hier wird der Wolfskopf erwähnt:

„Mir träumte,“ sagte Gisli, „daß uns Männer entgegenkamen und daß Eyolf bei ihnen war und als wir uns trafen, wußte ich, daß es fröhliche Arbeit zwischen uns geben würde. Einer von der Gruppe lief den anderen voraus und er grinste und riß seinen Mund weit auf und mir schien, daß ich ihn in der Mitte entzweischlug und mir

schien, daß er einen Wolfskopf trug. Dann fielen viele andere über mich her und mir war, als ob ich meinen Schild in meiner Hand halten würde und lange Zeit meinen Stand wahren konnte."

7. d)   Zusammenfassung

Die Ulfhedinn trugen ein Wolfsfell.

8.   Wölfe in Träumen

Von den Germanen sind viele Träume überliefert worden, in denen Wölfe, Bären und Füchse die Krieger symbolisieren. Die Vorstellung von Wolfs-Kriegern muß also sehr tief verwurzelt gewesen sein. Diese in den Träumen auftretenden Wolfskrieger werden jedoch nicht explizit „Ulfhedinn" genannt und es wird über sie auch keine Kampf-Ekstase berichtet.

Siehe dazu auch den Band 71 „Omen, Orakel und Traumdeutung" oder das Kapitel „Wolf" in Band 43.

8. a)   Gisli-Saga

„Ich träumte," sagte Gisli, *„daß Männer zu uns kamen und daß Eyolf bei ihnen war und viele andere mit ihm und daß wir uns trafen und ich wußte, daß es fröhliche Arbeit zwischen uns geben würde. Einer von ihrer Schar griff zuerst an, grinsend und mit weit aufgerissenem Maul, und ich schlug ihn in der Mitte durch – und mir schien, daß er auch einen Wolfskopf hatte."*

Das „fröhliche Spiel" ist ein Kampf.

Falls der Mann mit dem Wolfskopf nicht selber ein Ulfhedinn ist, wird sein Aussehen zumindestens durch das Wolfsfell der Ulfhedinn inspiriert worden sein.

8. b)   Geschichte über Thordr den Schrecklichen

Thord sagte: „Es wird unserer Reise zustatten kommen, mein Junge, wenn Du mitreitest. Mir ahnt es so, als wenn ich Dich auf dieser Reise besonders nötig haben werde, wenn meine Träume etwas bedeuten."

Eid sagte: „Was hast Du geträumt, Vater?"

Thord antwortete: „Ich träumte, ich sei nach Hvita im Borgarfjord gekommen und unterhielte mich mit ausländischen Männern, hauptsächlich über einige Geschäfte. Da kamen in unsere Hütte viele Wölfe herein, vor denen ich Abscheu empfand. Sie griffen mich an und wollten mich zerreißen und zerrten mir die Kleider herunter. Ich zog mein Schwert und zerhieb einen Wolf mitten durch, und einem anderen schlug ich den Kopf ab. Da stürzten die Wölfe von allen Seiten auf mich ein. Mir war es, als ob ich mich verteidigte, und ich wurde sehr müde und glaubte nicht zu wissen, wie es ablaufen würde. Da sprang ein junger Bär vor mich und wollte mir helfen, und in

dem Augenblick erwachte ich. Nun scheint mir, der Traum zeige Dinge an, die kommen werden."

8. c)   Geschichte über Thordr den Schrecklichen

Früh am Morgen nach Jul gebot Thordr seinen Männern, sich für die Heimreise
vorzubereiten und sagte, daß er während der Nacht viele Dinge vor sich gesehen
habe.

Der Bauer Kalfr frug, was er geträumt habe.

„Mir träumte," sagte er, „daß wir Gefährten das Hjalta-Tal hinaufritten und daß
wir, als wir in die Nähe von Vidvik kamen, von achtzehn Wölfen angesprungen wurden. Einer von ihnen, der der Größte war, rannte mit offenem Maul auf mich und
meine Männer zu. Mir schien, daß sie mich und meine Männer zu Tode bissen, aber
mir schien, daß ich viele von den Wölfen getötet habe, und mir schien, daß ich den
Größten von ihnen verwundet habe. Dann erwachte ich."

Bauer Kalfr fand, daß dies Feindseligkeiten bedeuten würde und sagte: „Das
bedeutet übel-gesonnene Männer," und er bat ihn, noch den Tag über zu bleiben und
Späher nach Vidvik zu senden.

Doch das wollte Thordr nicht.

„Dann werde ich," sagte Kalfr, „Dir einige Männer mehr mitgeben, um Deine
Gruppe zu vergrößern."

Thordr sagte: „Es soll niemals erzählt werden, daß Thordr der Kämpfer von bloßen
Träumen geängstigt worden ist und daß er sein Gefolge nur aus diesem Grund
vergrößert hat und sich sonst nicht durch das Land zu reiten getraut hat."

8. d)   Saga über Hromund Greipsson

Im folgenden Winter sah Blind viele Dinge in einem Traum und eines Tages erzählte
er seinen Traum dem König (Hadding) und sprach: „Ich habe geträumt, daß ein Wolf
aus dem Osten gelaufen kam und Dich gebissen und verwundet hat, o König!"

Der König sagte, daß er den Traum wie folgt deuten würde: „Ein König wird aus
dem Osten aus einem anderen Land kommen und seine Ankunft wird zunächst
schrecklich sein, aber danach wird es wieder Frieden geben."

Dieses Motiv ist ein sehr bekanntes Todes-Omen.

8. e) Gesta danorum

Nach diesen Taten erschien Haddings tote Frau vor Toste in seinem Schlaf und sang folgendermaßen:

„Dir wird ein Ungeheuer geboren werden,
daß die Wut der wilden Tiere zähmen wird
und mit starkem Maul
die dahineilenden Wölfe vernichten wird."

8. f) Völsungen-Saga

Gudrun sprach: „Durch Liebe hast Du diese Nachrichten über ihn erlangt. Aber aus diesem Grund komme ich auch hierher: Dir Träume von mir zu erzählen, die mir große Trauer gebracht haben."

Da sprach Brynhild: „Laß Dich nicht von solchen Dingen traurig machen: Verweile bei Deinen Freunden, die sich Dich fröhlich wünschen – alle von ihnen."

„Dies habe ich geträumt," sprach Gudrun, „daß wir, viele von uns, aus dem Frauenhaus hinausgingen und einen besonders großen Hirsch sahen, der alle anderen Hirsche, die je gesehen wurden, weit übertraf, und sein Haar war golden. Und diesen Hirsch wollten alle erjagen, aber ich allein fing ihn. Er schien mir besser als alle anderen Dinge; aber danach hast Du, Brynhild, ihn vor meinen Knien geschossen und getötet und es war eine solche Verzweiflung in mir, daß ich sie kaum ertragen konnte. Und anschließend gabst Du mir einen Wolfs-Welpen, der mich mit dem Blut meiner Brüder bespritzte."

Brynhild sprach: „Ich will Dir Deinen Traum lesen und so werden die Dinge hernach geschehen: Sigurd wird zu Dir kommen, der, den ich zu meinem Geliebten erkoren habe. Und Grimhild wird ihm Met vermischt mit schädlichen Dingen geben, was uns alle in einen großen Kampf stürzen wird. Ihn wirst Du haben und ihn wirst Du schon bald missen. Und Du wirst König Atli ehelichen und Du wirst Deine Brüder verlieren und Atli in seinem Bett ermorden."

Gudrun antwortete: „Es ist Jammer und Leid, zu wissen, daß solches geschehen wird!"

Und damit gingen sie und die ihren wieder zurück heim zu König Giuki.

8. g) Gylfis Vision

Da geschieht es, was am schrecklichsten dünken wird: daß der Wolf die Sonne verschlingt – den Menschen zu großem Unheil. Der andere Wolf wird den Mond packen und so auch großen Schaden tun und die Sterne werden vom Himmel fallen.

Hier sind die beiden Alcis-Söhne des ehemaligen Sonnengott-Göttervaters Tyr in zwei feindliche Wölfe umgedeutet worden – so wie auch die Fenrir-Wolfsgestalt des Tyr zu einen Feind des Tyr umgedeutet worden ist.

8. h) Zusammenfassung

Wölfe stellen in Träumen und Mythen generell Krieger und Feinde dar, die aber nicht unbedingt auch Ulfhedinn oder Ekstase-Krieger sind.

9. Ulfhedinn allgemein

9. a) Isländer-Buch

Dieses Land wurde Gemein-Eigentum und die Leute bestimmten es als Ort für das All-Thing. Daher gibt es dort das Recht, Holz für das Allthingi zu sammeln und die Pferde dort grasen zu lasen.
Der Ulfhedinn Ari der Weise hat uns dies erzählt.

9. b) Kormak-Saga

Zwischen Berserkern, Ulfhedinn und der allgemeinen Bezeichnung von Kriegern als Wölfen wurde oft nicht genau unterschieden bzw. alles einander gleichgesetzt.

Sie kamen zu dem Treffen, als die meisten Leute schon dort waren und gingen zu Olaf Pfau von Hjardarholt, da er Bersis Anführer war. Es war sehr voll dort drinnen und Bersi fand keinen Sitzplatz. Er saß normalerweise neben Thord, aber dieser Platz war besetzt.
Auf diesem Platz saß ein groß und kräftig aussehender Mann, der ein Bärenfell um- hängen hatte und eine Kapuze trug, die sein Gesicht überschattete. Bersi stand eine Weile vor ihm, aber er gab den Sitzplatz nicht frei.
Da frug er den Mann nach seinem Namen und der sagte ihm, daß er ihn 'Brauner' nennen könne oder auch 'Kapuze' – was auch immer ihm gefallen würde.

„Brauner" war eine geläufige Umschreibung für „Bär" und bezieht sich auf das Bärenfell, daß der Mann umhängen hat.

Daraufhin sagte er ihm diese Verse:

„Wer sitzt auf dem Platz der Krieger,
mit dem Fell des Bären um sich gewickelt,
und sieht so wild aus? – Ihr Leute,
ihr habt einen Wolf an eurer Tafel willkommen geheißen!
Ah, ich glaube, daß ich ihn nun erkenne!
Nennt er sich Brauner oder Kapuze?
Wir werden uns am Morgen wiedertreffen
und vielleicht zeigt sich dann, daß er – Steinar ist?"

9. c)   Die Saga über Ketil Forelle

Dann ging Ketil mit Bodmod und bleibe diese Nacht und auch die nächste bei ihm. Und am Morgen bot Bodmod ihm an, mit ihm zu gehen oder ihm einen anderen Beisteher bei dem Zweikampf zu stellen.

Doch Ketil lehnte dies ab.

„Dann werde ich mit Dir gehen,“ sagte Bodmod.

Dem stimmte Ketil zu und ging nach Arhaug. Framar kam laut bellend zu dem Hügelgrab und fand dort Bodmod und Ketil mit einer Schar Männer.

Framars „Bellen" zeigt, daß er ein Ulfhedinn ist.

9. d)   Bisclavret

In der Vers-Dichtung „Bisclavret", die Marie de France um ca. 1170 n.Chr. in Frankreich verfaßt hat, mußte sich der Edelmann Bizuneh jede Woche einmal in einen Wolf verwandeln.

Um sich wieder in einen Menschen zurückverwandeln zu können, benötigte er seine Kleidung, die er bei seiner Wolfsverwandlung ausgezogen hatte – dies ist eine Umkehrung der Verwandlung in einen Wolf durch das Anlegen eines Wolfsfells.

9. e)   Burchard von Worms und Bertold von Regensburg

In Deutschland wird das Wort „Werwolf" zwar um ca. 1150 von Burchard von Worms und um ca. 1250 n.Chr. von Bertold von Regensburg benutzt, aber der Werwolf ist nirgendwo ein Thema der Dichtung selber.

Auch in England wird das Wort „Werwolf" im Mittelalter nirgendwo genannt – möglicherweise hatte die Kirche den Glauben an Werwölfe weitgehend ausgerottet.

9. f) Zusammenfassung

Ulfhedinns konnten auch weise sein – auch wenn man diese beiden Eigenschaften in der heutigen Zeit zunächst einmal nicht miteinander kombinieren würde.

Manchmal wollten Ulfhedinn unerkannt bleiben – aber das liegt nicht unbedingt daran, daß sie Ulfhedinn waren, sondern hatte persönliche Gründe.

10. Ulfhedinn-Räuber

10. a) Egil-Saga

Das in dem folgenden Zitat genannte „Wolfs-Gemüt" oder der „Wolfs-Mut" bedeutet, daß jemand kriegerisch, rauh, mutig, provozierend, habgierig usw. war – hier mischten sich die erwünschten Kriegereigenschaften mit den unerwünschten Eigenschaften von „Streithähnen" und Räubern.

„Dies sehe ich in diesem großen Kahlkopf: daß er bis zum Rand voll von Wolfs-Gemüt ist, und daß er, wenn er es erreichen kann, Unheil über die Menschen bringen wird, die zu verlieren er lieber verabscheuen sollte."

10. b) Zusammenfassung

Im Vergleich zu den recht häufigen Berserker-Räubern sind Ulfhedinn-Räuber ausgesprochen selten.

Man hat in mehreren Zusammenhängen den Eindruck, als ob die Ulfhedinn ein altes Motiv seien, das allmählich durch die Berserker verdrängt wird. Daher finden sich auch bei den Berserkern mehr Räuber – da diese aus der damals „neueren Zeit" stammen.
Es gab auch kaum eine Verbindung zwischen den Ulfhedinn und dem neuen Göttervater Odin – allerdings eine sehr deutliche Verbindung zwischen Odin und den Berserkern. Allerdings ist Tyr auch mit den Berserkern assoziiert gewesen.
Es hat daher den Anschein, als ob Tyr ein Ulfhedinn und Odin ein Berserker gewesen sei, aber daß es die Berserker-Symbolik auch schon zu den Zeiten gegeben habe, in denen Tyr der nordgermanische Göttervater gewesen ist.

11. Kenningar

In dem weitaus größten Teil der Kenningar wird „Wolf" im Sinne von „Krieger" und „Zerstörer" benutzt. Die Verbindung zwischen „Wolf" und „Krieger" ist eine der ausgeprägtesten Assoziationen überhaupt bei den Germanen.

Im Vergleich dazu ist die Bezeichnung eines Kriegers als „Bär" ausgesprochen selten. Dies spricht dafür, daß „Wolf" das ältere Bild für den Krieger ist – was noch einmal bestätigt, daß Tyr ein Ulfhedinn und kein Berserker gewesen sein wird.

Die vielen Kenningar, in denen ein Krieger als „Wolf" umschrieben wird, finden sich in dem Band 75 über die Kenningar und werden hier nicht aufgeführt, da ihre genauere Betrachtung keine weiteren Informationen über die Ulfhedinn ergibt.

In der ersten der folgenden Liste finden sich hauptsächlich einige Ableitungen von diesem Motiv.

1. Wolf = Krieger				
Krieger	*Schlachten-Wolf*	Krieger-Kenning als Männername (ca. 550 n.Chr.)	anonym	Runenstein von Gummarp
Krieger	*Kampf-Wolf*	Krieger-Kenning als Männername (ca. 650 n.Chr.)	anonym	Runenstein von Stentoften
Krieger	*kühner Wolf*		anonym	das andere Lied über Sigurd Fafnir-Töter
König (alt)	*grauer Wolf*	(König Erik Blutaxt)	anonym	Eiriksmal
Wikinger	*wilde See-Wölfe*		Snorri Sturluson	Saga über Olaf den Heiligen
Wikinger	*Wolfs-Rudel*		Snorri Sturluson	Saga über Olaf Tryggva-Sohn
feindlich	*Wolfs-Gedanken haben*		anonym	Völsungen-Saga
Schiff	*See-Wolf*		anonym	Olafs drapa Tryggvasonar

Einige Kenningar spielen auch auf Mythen an:

Wolfs-Mythen: 1. Tyr				
Riese	*Kriegs-Wolf*	Riese = Grendel = Tyr	anonym	Beowulf
Tyr	*Ziehvater des Wolfes*	Wolf = Fenrir	Snorri Sturluson	Skaldskaparmal
Tyr	*der vom Wolf Verletzte*		anonym	Trideilur-Runa
Hand-gelenk	*Wolfs-Gelenk*	dort biß Fenrir Tyrs Hand ab	Snorri Sturluson	Skaldskaparmal
Schwert	*Wolf*	Schwert des Ulfhedinn Tyr oder einfach „Zerstörer"?	Snorri Sturluson	Thulur
Wölfe	*Nachkommen des Fenrir*		anonym	Placitusdrapa
Wolf	*Brut des Fenrir*		Biorn	die Leute von Eyre

Wolfs-Mythen: 2. Tyr/Sonne				
Wolf	*Verderben des Mondes*	er frißt den Mond; wird auch für „Riese" verwendet	Guthorm Schlacke	Hakonar-drapa
Wolf	*Sonnen-suchende Hündin*	der Wolf Skoll versucht die Sonne zu fressen	anonym	Ragnar Lodenhose

Wolfs-Mythen: 3. Tyr/Fenrir				
Wolf	*Sif-Soti*	Sif = (Jenseits-) Göttin = Hel; Soti = Pferd	Halldor Nicht-Christ	Eiriksflokkr
Hel	*Schwester des Wolfes*	Wolf = Fenrir	Thjodolfr von Hvini	Ynglingatal
			Snorri Sturluson	Skaldskaparmal
Hel	*Wohnung des Wolfes*	der Fenrir-Wolf ist der Bruder und das Reittier der Hel	anonym	Odins Rabenzauber
Loki	*Vater des Wolfes*	Wolf = Fenrir	Tjodolfr von Hvini	Haustlöng
			anonym	Lokasenna

Wolfs-Mythen: 4. Fenrir/Hel				
Hügelgrab	*Wolfs-Stein*	Wolf =?= Fenrir = Tyr	anonym	das Lied über Helgi Hiörvard-Sohn
Heide (Ort)	*Pfad des Wolfsrudels*		Thorbjörn Hornklaue	Glymdrapa

In manchen Kenningarn ist „Wolf" durch „Hund" ersetzt worden. An der Symbolik ändert sich dadurch jedoch nichts. Auch das Folgende ist wieder nur eine Auswahl. Es gibt sehr viel weniger Hunde-Kenningar als Wolfs-Kenningar.

Hunde-Kenningar				
Thiazi (=Tyr)	*Hund der strömenden Leichen-See der Ale-Geberin*	Ale-Geberin = Idun (sie gibt wie die Walküren den Toten den Wiedergeburts-Met, der ihren Äpfeln entspricht); Leichen-See = Met für die Toten; Hund der Met-Idun = Thiazi, der Idun raubt (Hund = Wolf = Räuber)	Thjodolfr von Hvini	Haustlöng
Riese	*Hundalfr*	Hunde-Alf =?= Tyr	Snorri Sturluson	Thulur
Schwert	*Hund der Gurt-Sonne*	Sonne = Schild	Tindr Hallkelsson	Hakonardrapa
Feuer	*Hund des Waldes*	Hund = Zerstörer	Sturla Thordarson	Hakonarflokkr
Wolf	*Hund des Waldes*		anonym	Himlingoje-Fibel 2
Wolf	*Hund des Gauti*	Hund = Wolf; Gauti = Odin; Wolf = Geri oder Freki;	Ottar der Schwarze	Höfudlausn

In den Kenningarn erscheint der Tyr-Riese, d.h. Tyr in der Unterwelt u.a. als Wolf.

119

12. „Ulfhedinn" als Männername

12. a) Isländer-Buch

„Ulfhedinn" konnte auch ein normaler Männername sein. Das läßt vermuten, daß „Ulfhedinn" um 1000 n.Chr. bereits ein veralterter Begriff geworden ist, da Begriffe, die etwas aus dem Alltag bezeichnen, normalerweise nicht als Eigennamen benutzt werden.

Ulfhedinn, der Sohn von Gunnar dem Weisen, hatte nach Markus die Stellung des Gesetz-Sprechers inne und behielt sie zwölf Sommer lang; danach hatte sie Bergthor Hrafn-Sohn für sechs Sommer inne, dann Godmund, Thorgeir-Sohn für zwölf Sommer.

12. b) Die Saga über Halfdan Brana-Ziehsohn

Der König, der über Dänemark herrschte, wurde Hring genannt. Er war weise und beliebt. Er hatte eine Königin, die Signy genannt wurde. Sie war die Tochter von Ulfhedinn, dem König von Reidgotaland.

12. c) Zusammenfassung

„Ulfhedinn" wurde auch als Männername gebraucht. Da das entsprechende „Berserker" als Männername fehlt, könnte „Ulfhedinn" der alte Begriff sein, der schon zu einem Namen geworden ist, und „Berserker" der neue Begriff, der noch immer die Sache selber bezeichnet.

Das würde zwar im Einklang mit den bisherigen Betrachtungen über den Unterschied zwischen „Ulfhedinn" und „Berserker" stehen, aber sicher ist diese Interpretaion nicht.

13.   Wolfs-Personennamen

„Wolf" wurde in Personennamen gegenüber „Hund" eindeutig bevorzugt – es gibt nur einen einzigen mit „Hund" gebildeten Namen.

13. a)   Wolfs-Personennamen

Zunächst einmal kann man die mit „Wolf" gebildeten Namen genauso betrachten, wie bereits die mit „Bär" gebildeten Namen untersucht worden sind.

Mit „Wolf" wurden ausschließlich Männernamen gebildet – die Krieger-Symbolik des Wolfes ist offenbar sehr ausgeprägt gewesen.

Es gibt nur einen Ulfhedinn-Männernamen:

Wolf-Namen: 1. Ulfhedinn		
Namen		Bedeutung
Männer	Frauen	
Tjöstolv, Kystolv		Wut-Wolf, Ulfhedinn

Wolfskrieger-Namen sind hingegen recht häufig:

Wolf-Namen: 2. Krieger		
Namen		Bedeutung
Männer	Frauen	
Hjörulv		Schwert-Wolf
Brandulfr		Feuer-Wolf = Schwert-Krieger
Geiraulfr		Speer-Wolf
Uddulf		Spitzen-Wolf
Skjöldulfr, Randulf		Schild-Wolf
Hildulf		Helm-Wolf

Grimulf		Maskenhelm-Wolf
Brunulfr		Brünnen-Wolf
Heriolfr, Härulfr		Heer-Wolf
Hlifolfr		Schutz-Wolf
Hegolfr		Hag/Schutzbereich-Wolf
Bergulfr		Helfender Wolf
Hlifundr		Hilfs-Hund
Föstolfr, Fastulf		Standfester Wolf
Meinolf		Macht-Wolf
Hölfr, Baulfr, Vigulf, Gunnalvur		Kampf-Wolf
Bödulfr		Schlachten-Wolf
Sjölfur		See-Wolf = Wikinger
Sigolfr, Sighulf		Sieg-Wolf
Hrodolfr		Ruhm-Wolf
Fridulf		Friedens-Wolf

Ein Teil der Wolfs-Namen könnte sich auf Tyr beziehen. Bei den vier ersten Namen ist dies recht wahrscheinlich; bei den drei letzten Namen ist dies fraglich.

Wolf-Namen: 3. Tyr		
Namen		**Bedeutung**
Männer	*Frauen*	
Gudholf		Gottes-Wolf (Gud = Tyr)
Sunnulfr		Sonnen-Wolf (Sonne = Tyr)
Ljotolfr		Sonnenlicht-Wolf (Sonne = Tyr)
Bertolf		Licht-Wolf (Licht = Sonne = Tyr)
Finnulf		Wander-Wolf (Sonne am Himmel?)

Leidulf		Weg-Wolf (Weg am Himmel?)
Vidolfr		Grenzwald-Wolf (Jenseitsweg?)

Dann gibt es auch Personennamen, in denen „Wolf" im Sinne von „Mann" benutzt worden ist:

<table>
<tr><td colspan="3">Wolf-Namen: 4. Wolf = Mann</td></tr>
<tr><td colspan="2">Namen</td><td rowspan="2">Bedeutung</td></tr>
<tr><td>Männer</td><td>Frauen</td></tr>
<tr><td>Hallulv</td><td></td><td>Hallen-Wolf = Hausherr</td></tr>
<tr><td>Haimulf</td><td></td><td>Heim-Wolf =Hausherr</td></tr>
<tr><td>Audulfr, Eydalvur, Oudulf, Hautolf</td><td></td><td>Besitz-Wolf = Mann mit Haus</td></tr>
<tr><td>Hugiwolf</td><td></td><td>Gedanken-Wolf = weiser Mann</td></tr>
</table>

Schließlich gibt es noch einen Männernamen, der sich vermutlich auf einen bestimmte Wolfsart bezieht:

<table>
<tr><td colspan="3">Wolf-Namen: 5. Wolf = Mann</td></tr>
<tr><td colspan="2">Namen</td><td rowspan="2">Bedeutung</td></tr>
<tr><td>Männer</td><td>Frauen</td></tr>
<tr><td>Raudulfr</td><td></td><td>Rot-Wolf</td></tr>
</table>

13. b) Vergleich der Wolfs- und Bärennamen

Möglicherweise ergeben sich aus dem Vergleich dieser beiden Namensgruppen neue Informationen über das Verhältnis zwischen Berserkern und Ulfhedinn.

Zunächst einmal zeigt sich, daß sehr viel mehr Personennamen die Bedeutung „Berserker" als „Ulfhedinn" haben. Der Ulfhedinn ist vermutlich schon längere Zeit in den Hintergrund getreten und von dem Begriff des „Berserkers" verdrängt worden.
Vielleicht waren die Berserker auch stärker als die Ulfhedinn und daher beliebter? Dafür gibt es jedoch in den bisherigen Betrachtungen keinerlei Hinweise.

Vergleich „Wolf und Bär": 1. Ulfhedinn/Berserker		
Namen		*Bedeutung*
Wolf	*Bär*	
	Biarnhedinn	Bärenfell, Berserker
	Bjarnmodur	Bären-Wut
	Björghedinn	Schutz-Fell
	Thjodbiörn	Wut-Bär, Kampf-Bär (Tjost = Turnier)
	Hildiglumr	Kampf-Dunkler = Kampf-Bär = Berserker
	Hildebjörn	Kampf-Bär = Berserker
	Vämodh	heilige Wut (Ekstase)
	Thidrandi	Zitternder (Ekstase/Wut)
	Öringr	Mann aus der Sippe des Wütenden/Ekstatikers
	Thrasar	Tobender Speer, Tobendes Heer
	Thrawo-Windur	Toben-Sieger (Sieger durch einen Ekstasekampf)
	Abjörn	Schreckens-Bär =?= Berserker
Tjöstolv, Kystolv		Wut-Wolf, Ulfhedinn

Bei der folgenden Betrachtung der mit „Wolf" und „Bär" gebildeten Kriegernamen zeigen sich zwei interessante Details:

1. Die Wolfskrieger benutzen auch Defensivwaffen – die Bärenkrieger hingegen setzten ganz auf den Angriff.

2. Die Wölfe streben nach dem Schutz der Familie, der Heimat und des Landes, während die Bären wieder ganz auf Angriff setzen. Die Wölfe scheinen hier eher normale Krieger zu sein und die Bären Berserker.

Vergleich „Wolf und Bär": 2. Krieger		
Namen		Bedeutung
Wolf	Bär	
Hjörulv, Brandulfr	Äbjörn	Schwert-Wolf/Bär
Geiraulfr	Geirbiörn	Speer-Wolf/Bär
Uddulf		Spitzen-Wolf
Skjöldulfr, Randulf	Skaldbjörn	Schild-Wolf/Bär
	Berlind (Frau)	Bären-Linde, Bären-Schild
Hildulf		Helm-Wolf
Grimulf		Maskenhelm-Wolf
Brunulfr		Brünnen-Wolf
Heriolfr, Härulfr	Herbjörn, Härbiorn	Heer-Wolf/Bär
	Bernhard	Starker Bär
Meinolf	Meginbjörn	Macht-Wolf/Bär
Föstolfr, Fastulf	Fastbiorn	Standfester Wolf/Bär
Hlifolfr		Schutz-Wolf
Hegolfr		Hag/Schutzbereich-Wolf
Bergulfr	Botbiorn	Helfender Wolf/Bär
Hlifundr		Hilfs-Hund
Hölfr, Baulfr, Vigulf, Gunnalvur		Kampf-Wolf
Bödulfr		Schlachten-Wolf

Sjölfur		See-Wolf = Wikinger
Sigolfr, Sighulf	Sigurbjörn, Sigbiorn, Sigurbirna (Frau)	Sieg-Wolf/Bär
Hrodolfr	Hrodbiörn	Ruhm-Wolf/Bär
	Sebiorn	See-Bär = Wikinger
Fridulf	Fridbjörn	Friedens-Wolf/Bär

Bei der Verwendung von „Wolf" und „Bär" für „Mann" gibt es keinerlei Unterschiede. Beide Tiere scheinen daher gleichermaßen mit den Männern assoziiert worden zu sein.

Vergleich „Wolf und Bär": 3. „Wolf/Bär = Mann"		
Namen		**Bedeutung**
Wolf	*Bär*	
Hallulv, Haimulf	Hallbjörn, Hallbera (Frau)	Hallen/Heim-Bär/Wolf = Hausherr
Audulfr, Eydalvur, Oudulf, Hautolf	Eydbjörn, Audbjörn	Besitz-Bär = reicher Mann
Hugiwolf	Hugbjörn	Gedanken/Geistes-Bär = weiser Mann

Schließlich gibt es noch den Vergleich der mit Göttern assoziierten Namen. Hier zeigt sich, daß sowohl Bär als auch Wolf mit der Sonne assoziiert worden sind. Ob man daraus schließen kann, daß Tyr einst auch eine Bären-Gestalt gehabt hat? Das ist denkbar, aber unsicher.

Vergleich „Wolf und Bär": 4. Götter		
Namen		*Bedeutung*
Wolf	*Bär*	
Gudholf	Gudbjörn, Gudbera (Frau)	Gottes-Wolf/Bär (Gud = Tyr)
Sunnulfr, Ljotolfr, Bertolf	Solbjörn	Sonnen/Licht-Bär (Priester?, Tyr?)
Finnulf		Wander-Wolf (Sonne am Himmel?)
Leidulf		Weg-Wolf (Weg am Himmel?)
Vidolfr		Grenzwald-Wolf (Jenseitsweg?)
	Fröbiorn	Freyr-Bär

13. c) Zusammenfassung

Die Wölfe wurden mit Tyr assoziiert. Während die Wölfe eher die normalen Krieger darstellen, die sich und ihre Heimat schützen, sind die Bären stärker mit dem Angriff und mit der Berserker-Wut verbunden gewesen.

14. Wölfinnen

14. a) Völsungen-Saga

Hier wird der einzige Fall beschrieben, in dem sich eine Frau in eine Wölfin verwandelt hat.

Als Signy sah, daß ihr Vater getötet und ihre Brüder ergriffen und dem Tod bestimmt waren, bat sie König Siggeir zur Seite um mit ihm zu sprechen und sagte: „Dies will ich von Dir erbitten, daß Du meine Brüder nicht eilig töten läßt, sondern sie für eine Zeitlang in den Fußblock legst, denn ich erinnere mich an das Sprichwort, das sagt 'Süß dem Auge, solange es gesehen wird'. Aber ich werde nicht um längeres Leben für sie bitten, denn ich weiß, daß diese Bitte mir nichts nutzen wird."

Der Fußblock ist eine Form des Prangers und besteht aus zwei Balken mit Einkerbungen, in denen die Fesseln der Beine eingesperrt werden, sodaß der Betreffende nicht mehr laufen kann. Von dieser Form des „Fuß-Prangers" gab es verschiedene Varianten wie z.B. den im Folgenden beschrieben „Gemeinschafts-Balken".

Da antwortete Siggeir: „Du muß verrückt sein und den Verstand verloren haben, daß Du so um mehr Schande für Deine Brüder als nur die ihrer jetzigen Niederlage bittest. Aber dennoch will ich Dir dies gewähren, denn es gefällt mir um so besser, je mehr sie ertragen müssen und je länger ihre Pein dauert, ehe der Tod zu ihnen kommt."

Nun ordnete er es an, wie sie es gewünscht hatte und es wurde ein mächtiger Balken gebracht und an einem bestimmten Ort im Wild-Wald auf die Füße der Brüder gelegt. Dort saßen sie bis in die Nacht, aber um Mitternacht kam, als sie dort am Pranger saßen, eine Wölfin aus dem Wald. Sie war alt und sowohl groß als auch von bösartigem Aussehen und das erste, was sie tat, war, einen der Brüder so lange zu beißen, bis er starb und dann fraß sie ihn auf und ging ihres Weges.

Am nächsten Morgen aber sandte Signy einen Mann zu den Brüdern, den, dem sie am meisten vertraute, weil sie wissen wollte, wie es ihnen ergangen war. Und als er zurückkehrte, erzählte er ihr, daß einer von ihnen tot war und es schien ihr ein großes Leid zu sein, wenn sie alle auf diese Weise sterben sollten und doch wußte sie nicht, was sie für sie tun könnte.

Die Geschichte hierüber ist schnell erzählt: Neun Nächte hintereinander kam um Mitternacht die Wölfin und in jeder Nacht tötete sie einen der Brüder bis sie alle tot waren außer Sigmund allein.

Da sandte Signy, bevor die zehnte Nacht kam, jenen vertrauenswürdigen Mann zu ihrem Bruder Sigmund und gab ihm Honig in die Hand und bat ihn, den Honig auf Sigmunds Gesicht zu streichen und ein bißchen davon in seinen Mund zu geben. Da ging er zu Sigmund und tat wie ihm geheißen ward und kam dann wieder zurück.

In der nächsten Nacht kam die Wölfin von ihrem Verlangen getrieben und wollte ihn töten und verschlingen so wie sie es mit seinen Brüdern getan hatte. Aber da roch sie den Duft, der von ihm ausging, weil er mit Honig bestrichen worden war. Sie leckte mit ihrer Zunge über sein ganzes Gesicht und steckte ihm dann ihre Zunge in seinen Mund.

Davor hatte er keine Furcht, sonder fing die Zunge der Wölfin zwischen seinen Zähnen und wie sehr sie daraufhin auch zurückzuckte und wie mächtig sie sich auch von ihm zurückzog und ihre Füße gegen den Fußblock stemmte, sodaß alles zu reißen begann – er aber hielt ihre Zunge so fest, daß sie an ihrer Wurzel abriß und das war ihr Tod.

Einige Leute aber sagen, daß diese Wölfin die Mutter des Königs Siggeir gewesen ist, die sich selber mithilfe von Trollkünsten und Hexerei in die Gestalt einer Wölfin verwandelt hatte.

14. b)   Zusammenfassung

Der einzige bekannte Fall der Wolfs-Verwandlung einer Frau scheint nichts mit einem Ulfhedinn zu tun zu haben.

15. Jakob Grimm

15. a) Jakob Grimm: Deutsche Mythologie

Nach ältesten einheimischen begriffen hängt annahme der wolfsgestalt ab von dem überwerfen eines wolfgürtels oder wolfhemds (ûlfahamr), wie verwandlung in schwan vom anziehen des schwanhemds oder schwanrings. wer einen wolfsgürtel, ûlfhamr trägt, heißt althochdeutsch wolfhetan, altnordisch ûlfheđinn (das đ steht für organisches d) und zumal wurden wütende berserkir ûlfhednir: þeir höfđu vargstaka fyrir brynjur; berserkir þeir vâru kallađir ûlfhiedar (ûlfheđnir).

Ulfheđinn ist aber auch mannsname wie althochdeutsch Wolfhetan. ebenso kommt vor biarnheđinn, geitheđinn, der ein bärenfell, geißfell angethan hat, als mannsname Biarnheđinn und das einfache Heđinn, stammvater der Hiađnîngar, angelsächsich Heodeningas von Heden oder Heoden. der vocal ist also ë (nicht e) und man hatte ein verlornes verbum althochdeutsch hëtan, hat, hâtum (gothisch hidan, had, hêdum) anzusetzen. Lye führt an heden casla, was wol casula, kleid ausdrückt, und altnordisch soll auch geitheđinn pallium e pelle caprina bedeuten, doch ziehe ich in Wolfhetan die participialform vor.

Es braucht also gar nicht in der absicht des zauberns zu geschehen, jeder das wolfhemd anlegende und der damit bezauberte erfährt umwandlung, und bleibt neuntagelang wolf, erst am zehnten tag darf er in menschliche gestalt zurückkehren, nach andern sagen muß er drei, sieben oder neun jahre in dem wolfsleib beharren. mit dem aussehen nimmt er zugleich wildheit und heulen des wolfs an: wälder durchstreifend zerfleischt er alles was ihm vorkommt.

Förnaldur-sögur erwähnt ein liosta međ ûlfhandska, ein schlagen mit dem wolfshandschuh, wodurch jemand in einen bär verwandelt wird, die thiergestalt bei tag, die menschliche bei nacht annimmt. Auf solche weise mischt sich die vorstellung waldflüchtiger verbannter auch mit der von werwölfen. ein berühmtes beispiel ist Sigmunds und Sinfiötlis: wenn sie schliefen, hiengen neben ihnen die wolfshemde.

Die werwölfe sind nach jungem blute gierig und rauben kinder und mädchen mit blinder kühnheit.

Aus vielem von Woycicki erzähltem entnehme ich nur, daß eine hexe ihren gürtel zusammendrehte und in einem hochzeitshaus auf die schwelle legte: als die neuvermählten darüber traten, wurden braut, bräutigam und sechs brautführer in werwölfe gewandelt. sie entflohen aus der hütte und liefen drei jahre lang heulend um der hexe haus. endlich nahte der tag ihrer lösung. die hexe brachte einen pelz, dessen haar nach außen gewandt war, sobald sie einen werwolf damit bedeckte, kehrte dessen menschliche gestalt zurück, dem bräutigam reichte die decke über den leib, nicht über den schwanz, und so wurde er zwar wieder zum menschen, muste aber den wolfsschwanz behalten.

Schafarik bemerkt, daß diese wolfssagen ganz besonders in Volhynien und Weiß-rußland zu hause seien und zieht daraus bestätigungen seiner ansicht, daß die Neuren ein slavischer volksstamm waren.

Nach dem französicshen 'lai de Melion' muß der entkleidete mensch mit einem zauberring berührt werden: alsbald verwandelt er sich in einen wolf, der das wild verfolgt.

Nach Marie wird ein ritter wöchentlich drei tage zum bisclaveret, und lauft nackend im wald umher; nimmt ihm jemand die beiseits gelegten menschlichen kleider weg, so muß er wolf bleiben.

Pluquet bemerkt, man könne ihn nur befreien dadurch daß man ihn mit einem schlüssel blutrünstig schlage.

Gewöhnliche annahme unseres volksglaubens ist, die verwandlung werde durch einen um den leib gebundnen riemen bewirkt; der gürtel sei nur drei finger breit, und aus der haut eines menschen geschnitten. von natürlichen wölfen soll ein solcher werwolf an seinem abgestumpften schweif zu erkennen sein.

Lothringische hexenacten ergeben, daß durch ausrupfen, segnen und werfen von grashalmen wider einen baum wölfe hervorsprangen, die augenblicklich in die heerde fielen; die stellen bei Remigius lassen zweifelhaft, ob die graswerfenden männer selbst zu wölfen wurden; nach seite 261 kann man nichts anders dafür halten.

Mehrere werwolfsgeschichten hat Bodins dämonomanie.

Der rheinischwestfälische volksglaube läßt bloß männer zu wölfen werden, mäd-chen und frauen verwandeln sich in einen ütterbock (euterbock, hermafrodit?). ein altes, unheimliches weib wird gescholten: der verfluchte ütterbock! Eigenthümlich ist der dänische aberglaube, wonach eine braut, die sich eines angegebnen zaubers be-dient, um schmerzlos zu gebären, knaben zur welt bringe, die werwölfe, mädchen, die nachtmahren werden.

Thiele bemerkt, der werwolf sei bei tag menschlich gestaltet, doch so daß seine augbrauen über der nase zusammenwachsen, nachts aber wandle er sich zu gewisser zeit in einen dreibeinigen hund, erst dadurch, daß man ihn werwolf schilt, werde er frei.

Auch nach Burchards äußerung scheint lykanthropie etwas dem menschen angebo-rnes.

… … …

Anderwärts wird angerathen gegen die epilepsie sich mit einer wolfshaut zu gürten.

der siechtuom ist des êrsten klein
und kumt den herren in diu bein
und ist geheizen der wolf.

15. c)   Zusammenfassung

Es hat auch die Vorstellung gegeben, daß man durch das Anlegen eines Gürtel oder das Anziehen eines Ringes zum Ulfhedinn wird. Vermutlich liegt hier eine Vermischung mit dem Priestergürtel oder mit dem Kraftgürtel des Thor bzw. mit dem Ring Draupnir des Odin vor.

Der Ulfhedinn wird heute des öfteren auch „Werwolf", d.h. „Mann-Wolf" genannt.

16. Zusammenfassung

Ein Ulfhedinn („Wolfsfell-Mann") ist ein Ekstase-Krieger, der sich ein Wolfsfell übergehangen hat, dessen Wolfsschädel ein Teil der Kapuze dieses Ekstasekriegers ist.

Tyr ist der Gott dieser Wolfskrieger gewesen – er war als Heidrek Ulfhedinn („Lichtkönig Wolfsfell-Krieger") das Urbild dieser Krieger. In seiner Wolfsgestalt trug Tyr einst den Namen Fenrir.

Die Ulfhedinn heulten des öfteren wie Wölfe, aber dies taten sie anscheinend nicht, um eine Wolfs-Ekstase hervorzurufen, sondern um ihre Wut auszudrücken und um ihr Gemeinschaftsgefühl („Rudel") zu stärken.

In den Mythen, Liedern und Sagas ist auch die Verwandlung in einen Wolf nicht mit dem Hervorrufen der Kampfekstase verbunden.

Man sah zumindestens in der Zeit, aus der der Großteil der Überlieferung stammt, die Berserker („Bärenfell-Männer") und die Ulfhedinn („Wolfsfell-Männer") als weitestgehend identisch miteinander an. Bei genauerer Betrachtung aller Texte zeigt sich jedoch, daß die Wölfe mehr mit normalen Kriegern und die Bären mehr mit den Berserkern assoziiert worden sind.

Es ist nur ein einziger Fall bekannt, in dem sich eine Frau in einen Wolf verwandelt hat.

II Bären-Krieger und Wolfskrieger bei den Indogermanen

Die Berserker und die Ulfhedinn sind u.a. auch eine besondere Form der Tier-Verwandlung, die in dem Band 65 über die Gestaltwandlungen in ihrer ganzen Vielfalt betrachtet wird.

1. West-Indogermanen

1. a) Kelten

Bei den Kelten gab es zwei Bärengötter: Matunus („Bär") und Artaios („Bär"). Der bekannteste keltische „Bär" ist sicherlich König Artus. Man kann also davon ausgehen, daß der Bär einst eine wichtige Rolle gespielt hat und möglicherweise auch mit dem Königtum verbunden gewesen ist.

Die Göttin Artio („Bärin") ist die keltische Variante der seit dem Beginn der Jungsteinzeit bekannten Panthergöttin.

Der Name „Cú Chulainn" der Helden des irischen Nationalepos „Der Rinderraub von Cuailgne", bedeutet „Hund des Culann". Da Cú Chulainn der Sohn des Sonnengottes Lugh ist, zusammen mit zwei Fohlen geboren wurde und die Kampf-Ekstase beherrscht, ist seine Ähnlichkeit mit dem ehemaligen germanischen Sonnengott-Göttervater Tyr sehr groß: der wiedergeborene Sonnengott-Göttervater, der die Kampf-Ekstase beherrscht, die Gestalt eines Wolfes/Hundes annehmen kann und der von seinen zwei Rossen/Söhnen begleitet wird.

Cú Chulainn erhielt seinen Namen dadurch, daß er schon als Kind den riesigen Hund des Culann tötete. Vermutlich ist dies eine Umdeutung einer älteren Mythe: Möglicherweise ist der Hund einst die Krieger-Gestalt des Lugh, also des Vaters des Cú Chulainn, gewesen – so wie Fenrir einst die Krieger-Gestalt des Tyr gewesen ist.

Eine der Schilderungen der Kampf-Ekstase der Cú Chulainn ist besonders anschaulich:

> *Bevor Cú Chulain zusammen mit seinem Wagenlenker wieder in die Schlacht fuhr, sang sein Wagenlenker Schutzlieder über den Wagen, sich selber und über Cú Chulain, sodaß sie für niemanden in dem Heerlager sichtbar waren. Cú Chulain zog sich zudem seinen Schutzumhang an, den er von Tír Tairngire, seinem Zauberkunstlehrer, erhalten hatte. Dann stieß er*

wieder den Heldenschrei aus, der alle im gegnerischen Heer erstarren ließ.

Dann geschah eine große Verwandlung mit Cú Chulain, als er sich in die Kampfeswut versetzte, sodaß er schrecklich, vielgestaltig und nicht wiedererkennbar anzusehen war. Das ganze Fleisch seines Körpers zitterte wie ein Baum im Wind oder wie Binsen in einem Fluß – jedes Glied und jedes Gelenk, jedes Ende seines Körpers und jeder Teil von ihm von Kopf bis Fuß.

Dies ist das weitverbeitete Ekstase-Zittern.

Die Fackeln der Kriegsgöttin, bösartige Regenwolken und Funken von loderndem Feuer konnte man in der Luft über seinem Kopf sehen.

Dies ist eine Umschreibung der aufgestiegenen Kundalini.

Sein Haar stand gerade ab wie die Stacheln des Rotdorns. Wenn man einen edlen Apfelbaum, der schwer von Früchten ist, über seinem Kopf geschüttelt hätte, wäre kaum ein Apfel zu Boden gefallen, sondern die meisten auf seinen Haaren aufgespießt worden.
Das Heldenlicht strahlte von seiner Stirn aus, so lang und dick wie die Faust eines Helden.

Hier wird die Kundalini im Dritten Auge zwischen den Augenbrauen beschrieben, von dem aus die Kundalini gelenkt wird.

So hoch, so kräftig und so stark wie der Mastbaum eines großen Schiffes war der Strom von dunklem Blut, der von seinem Scheitel emporstieg und sich in einem dunklen magischen Nebel auflöste.

Hier wird noch einmal die aufgestiegene Kundalini geschildert.

Cú Chulain griff in seiner Kampfeswut das feindliche Heer an und viele Krieger fielen vor seinem Ansturm. An den nächsten Tagen gab es viele Einzelkämpfe zwischen Cú Chulain und den Kriegern des feindlichen Heeres, bei denen er jedesmal siegte.

In den keltischen Sagen treten vereinzelt Verwandlungen sowohl von Männern als auch von Frauen in Hunde, seltener Wölfe auf. Die keltische Besonderheit, daß sich auch Frauen in Wölfe verwandeln konnten, liegt wohl darin begründet, daß bei den Kelten auch die Frauen im Krieg kämpften. Diese Szenen werden auf die Wolfskrieger und die Wolfsgöttin zurückgehen. In einem Fall hat eine Frau als Hündin zwei

Hunde zur Welt gebracht.

Die Göttinnen Aericura („Beschützerin im Kampf") und Lativa („Erde") wurden als Hunde- und Wolfsgöttinnen angesehen. Der Name Lativa ist mit griechisch Leto und baltisch Lelwanni verwandt. Der Wolf war das Tier, das die Toten ins Jenseits führte.

Dem Gott Nodens sind Hunde heilig gewesen. Die Hunde und Wölfe sind ganz allgemein die Begleiter der Toten, der Schamanen, der Korngötter und der Sonnengötter auf ihrer Jenseitsreise waren.

Es ist nicht jeder Bär in den indogermanischen Mythen ein Berserker und es ist auch nicht jeder Wolf in den indogermanischen Mythen ein Wolfskrieger.

1. b) Römer

Bei den Römern findet sich der altitalische Wildnisgott Faunus, der auch als Wolfsgott bekannt ist. Er ist der Gott der freien Natur, aber auch der Beschützer der Bauern und Hirten sowie ihrer Tiere und Äcker. Seine Frau Fauna hat denselben Charakter wie er. Von seinen Eigenschaften und Aussehen her gleicht Faunus dem griechischen Pan – so trägt er z.B. auch Ziegenhörner auf seinem Kopf. Wie Pan erscheint auch Faunus oft in einer Vielzahl von Gestalten als Faune.

Faunus wurde als der Vater des Latinus angesehen, der der erste (mythische) König der Römer war. Daher ist der Wolfsgott Faunus eng mit der kapitolinischen Wölfin verbunden, die Romulus und Remus säugte, da Romulus Rom gründete. Die Feste des Faunus hießen Lupercalien („Wolfstage") und seine Priester Luperci („Wölfe").

Da er als der Vater des ersten römischen Königs angesehen wurde, ist sein Ursprung als Wildnisgott ausgesprochen unwahrscheinlich, da der König ja gerade die Zivilisation und Kultur aufrechterhalten soll. Es scheint auch unwahrscheinlich, daß er ursprünglich ein vergöttlichter Wolf war, da es dann kaum einzusehen wäre, daß er dann ausgerechnet die Bauern beschützt und das Gedeihen von Vieh und Getreide fördert.

Man kann daher annehmen, daß sich der Begriff Wolf auf die indogermanischen Kriegerbünde bezieht, die sich als Wolfsrudel auffaßten. Eine solche Herkunft würde gut zu dem Ahn der römischen Könige passen. Der Schutz der Bauern war die eigentliche Aufgabe der Krieger der Wolfsrudel. Es war dann, nachdem diese Herkunft des Faunus den Römern ein wenig undeutlich geworden war, kein großer Schritt mehr, den Faunus nicht nur um Schutz vor Feinden, sondern auch um Hilfe für das Gedeihen der Herden und Äcker zu bitten.

Die Zeugungskraft des Faunus wird ein ursprünglicher Charakterzug des Faunus sein, da seine Ziegenhörner vermuten lassen, daß er ursprünglich ein Ahn war, dessen

Zeugungskraft im Jenseits durch seine Identifizierung mit einem Ziegenbock gesichert werden sollte.

Virgil schrieb um ca. 40 v.Chr. über Männer, die sich in Wölfe verwandeln konnten.

Ovid erzählte um ca. 10 n.Chr. Geschichten über Männer, die in Wolfsgestalt in den Wäldern in Südgriechenland lebten.

Petronius Arbiter schriebt um ca. 50 n.Chr. über einen Mann, der sich bei Vollmond in einen Werwolf verwandelte. In der Schilderung eines Festmahles durch Petronius erzählt Nirceros das folgende:

> *„Als ich mich nach meinem Begleiter umsah, sah ich, daß er seine Kleider ausgezogen hatte und neben der Straße auf einen Haufen gelegt hatte. ...*
> *Dann pinkelte er einmal im Kreis rings um seine Kleider und verwandelte sich dann einfach so in einen Wolf! ... Nachdem er sich in einen Wolf verwandelt hatte, begann er zu heulen und rannte in die Wälder davon.“*

Plinius der Ältere berichtete um ca. 60 n.Chr. über seiner Meinung unglaubwürdige Erzählungen über Menschen, die jahrelang als Wölfe leben. Einer von ihnen soll in Südgriechenland seine Kleider an eine Esche gehangen haben und sich dann beim Durchschwimmen eines Sees in einen Wolf verwandelt haben.

Es ist erstaunlich, daß die vier bekannten römischen Berichte über Wolfsverwandlungen alle aus dem recht engen Zeitraum der 100 Jahre zwischen 40 v.Chr. und 60 n.Chr. stammen. Warum?

Die römische Göttin Latona, die der griechischen „Leto“, der etruskischen „Letun“ und der anatolischen „Lycia“ entspricht, war eine Göttin der Unterwelt und der Wölfe und der Wiedergeburt. In ihren Mythen hat der Wolf vermutlich vor allem die Funktion des Jenseitsführers.

Latona/Leto/Letun/Lycia entspricht der auf dem Fenris-Wolf reitenden Hel bei den Germanen.

1. c) Germanen

Die Wolfskrieger („Ulfhedinn“) waren mit Tyr verbunden und die Bärenkrieger („Berserker“) mit Odin und evtl. auch mit Tyr. Tyr selber war als Wolfskrieger der riesige Fenris-Wolf.

Eine späte, vermutlich germanisch-keltische Variante der Verwandlung in ein Raubtier ist das Märchen „Der gestiefelte Kater".

1. d)   Mitteleuropäisches Mittelalter

Im Mittelalter wurde den Männer oft vorgeworfen, Werwölfe („Mann-Wölfe") zu sein, während die Frauen angeklagt wurden, sich in Katzen zu verwandeln. Aus dieser Zeit stammt das Motiv der Schwarzen Katze der Hexe.

Es ist denkbar, aber unsicher, daß hier ein Zusammenhang zu Freyas Katzen besteht.

1. e)   Slawen

Um 1050 n.Chr. hielt man den weißrussischen Fürsten Vseslav von Polatsk, der auch „Vseslav der Zauberer" genannt wurde, für einen Werwolf. Über ihn wird folgendes berichtet:

Vseslav richtete über die Menschen; als Fürst beherrschte er die Städte; aber des Nachts zog er in Wolfsgestalt umher. Von Kiew aus erreichte er noch bevor der Hahn krähte Tmutorokan. Den Pfad der Großen Sonne überquerte er als Wolf laufend. Für ihn läuteten die Glocken früh in St. Sophia, doch er hörte sie in Kiew läuten.

Der slawische Werwolf „Vlkolak" hat sich im Laufe der Zeit zu dem Motiv des Vampirs weiterentwickelt.

Wie in Mitteleuropa war die Katze auch im slawischen Bereich mit den Frauen assoziiert: Man erzählte sich, daß die erste Katze aus einer Frau entstanden sei.

Von den Slawen ist durch ein Standbild und einige kleine Anmerkungen in verschiedenen Texten der Gott Simargl bekannt, der die Gestalt eines Hundes mit dem Kopf und den Flügeln eines Adlers hatte. Sein Name ist mit dem des persischen Vogels Simorgh („Adler") verwandt.

Der Charakter des Simargl ist unbekannt, aber er wird wohl mit dem Jenseitsweg zu tun gehabt haben, da der Löwe-Adler-Greif, der stets am Tor zum Jenseits steht, eine recht nahe Entsprechung zu diesem Hund-Adler-Mischwesen ist: Der Löwe ist der Tod und die Kraft des Schamanen, während der Hund der Führer der Toten und des Schamanen ins Jenseits ist.

In der serbischen Mythologie sind der Werwolf und der Vampir identisch: Es ist ein Toter in Hundegestalt, der aus seinem Grab kommt, um sich mit seiner Witwe zu vereinen. Die Wiederzeugungssymbolik ist nicht zu übersehen …

1. f) Balten

Die Balten kannten einen Wildnisgott mit dem Namen Meza virs. Er war der Gott des Waldes und war eng mit den Wölfen verbunden. Dieser Gott geht entweder auf einen vorindogermanischen Wildnisgott oder auf einen Schamanengott mit Wolfsbegleiter wie Odin zurück, wobei dann der Wald, in der der Gott lebt, ein Bild für die Unterwelt wäre.

In den Mythen der Letten und Lithauer tritt des öfteren ein bösartiger oder gutartiger Werwolf mit dem Namen Vilkacis („Wolfauge") auf, der ein bißchen unbeholfen und einfältig ist und ab und zu den Menschen hilft.

1. g) Zusammenfassung: West-Indogermanen

Die Wolfsverwandlung ist allen west-indogermanischen Völkern bekannt. Vermutlich ist auch der Wolfskrieger einst ein genauso weit verbreitetes Motiv gewesen, da lediglich bei den Römern und den Slawen in den Hintergrund getreten bzw. zum Vampir weiterentwickelt worden ist.

Der Wolf scheint einst einmal mit dem Göttervater assoziiert gewesen zu sein.

Neben dem Wolf als Krieger gibt es auch das Motiv des Wolfes als Jenseitsführer, der mit der Jenseitsgöttin verbunden ist. Bei den Germanen ist dies Hel mit dem Fenrirs-Wolf.

2. Süd-Indogermanen

2. a) Hethiter

Im Kult gab es einen Priester der den Titel „Hartagga" trug, was „Bären-Mann" bedeutet. Dieser Titel geht auf die indogermanische Bezeichnung „Hrtkos" für den Bären zurück (keltisch: „Artos").

Dieser Bären-Priester läßt vermuten, daß der Bär ein wichtiges Tier in den religiösen Vorstellungen gewesen sein muß.

Die Rituale der Hethiter waren durchaus bunt und lebhaft und trugen verschiedene archaische Züge: Es gab in den Prozessionen Hundemaskenträger, Wolfsmaskenträger und Bärenmaskenträger; und die Panthermaskenträger führten einen Tanz auf, bei dem sie sich mit emporgehaltenen Händen auf der Stelle drehten und sangen.

Die Wolfsmaskenträger und die Bärenmaskenträger erinnern an die germanischen Ulfhedinn und Berserker, die ebenfalls Wolfs- bzw. Bärenfelle trugen. Es gibt bei den Hethitern allerdings keine Hinweise auf eine Kampf-Ekstase.

In den rituellen Umzügen wurden fast immer auch Statuen oder Statuetten der Tiere der verschiedenen Götter mitgeführt. In einer Zeremonie wurden diese Tiere z.B. in folgender Reihenfolge getragen: ein silberner Leopard, ein silberner Wolf, ein goldener Löwe, ein silberner Eber und ein Lapialazuli-Eber, ein silberner Bär, ein weiterer silberner Eber, dann ein goldener Hirsch, ein silberner Hirsch, ein silberner Hirsch mit goldenem Geweih usw.

Die Sippe („Panku") sollte bei den Hethitern stets zusammenhalten und „eins wie die Sippe des Wolfes" sein – insbesondere natürlich die des Königs. Aus der Kombination beider Motive ergibt sich, daß die Sippe und insbesondere wohl die Krieger in ihr als Wölfe ansahen.

In der Magie wurde kleine Statuen von Hunden als Schutzgeister benutzt – was in der Magie fast aller Völker vorkommt, die Hunde als Wächter halten.

2. b) Luwier

Bei den Luwiern wurde das Wort „Walwu", das in allen anderen Sprachen „Wolf" bedeutet und auf das indogermanische „Ulkos" zurückgeht, für „Löwe" benutzt. Die Symboliken der Großraubtiere gingen hier wie bei den Germanen (Wolf/Bär) ineinander über.

2. c) Lyder

Unter den heiligen Tieren der von den Lydern verehrten Artemis ist neben dem Bär, in den sie sich gerne verwandelte, sowie dem Hirsch und dem Eber auch der Hund – was vermuten läßt, daß der Hund auch bei den Lydern als Führer zu der Göttin im Jenseits galt.

Die Göttin Lycia, die der griechischen Leto entspricht, wird hingegen deutlich als Göttin der Unterwelt und der Wölfe beschrieben.

2. d) Zusammenfassung: Süd-Indogermanen

Bei diesen drei Völkern der Süd-Indogermanen gab es einen Priester mit dem Titel „Bären-Mann" sowie in Prozessionen auch Wolfmaskenträger, Hundemaskenträger, Bärenmaskenträger, Wolfs-Statuetten und Bären-Statuetten.

Auch die Süd-Indogermanen kannten die Jenseitsgöttin, die eng mit dem Wolf verbunden ist. Sie hieß bei ihnen „Lycia". Ihr Name hat wie das lateinische „Latona", das etruskische „Letun" und das griechische „Leto" die Bedeutung „Wolfsgöttin".

3. Ost-Indogermanen

3. a) Inder

Die Göttin Durga reitet auf einem Tiger oder Löwen. Vermutlich ist dies dasselbe Motiv wie die Katzen der Freya und die Katzen-Verwandlungen im europäischen Mittelalter.

Aus Indien werden Verwandlungen von Männern, insbesondere von gefährlichen Zauberern, in Tiger berichtet.

Indra wird in der indischen Mythologie von der Hundegöttin Sarama begleitet, über die aber kaum etwas bekannt ist.

Da Indra die Funktion des Göttervaters von Dhyaus übernommen hat, der u.a. dem Tyr, dem Zeus, dem Jupiter und dem Dagda entspricht, könnte der Hund des Indra evtl. ursprünglich einmal die beiden Wolfskrieger-Söhne des Dhyaus gewesen sein – aber das ist recht unsicher.

3. b) Skythen

Herodot berichtet um ca. 450 v.Chr., daß die Skythen und auch deren nördliche Nachbarn, die Neuren, sich jedes Jahr für einige Tage in einen Wolf und dann wieder zurück in einen Mann verwandeln.

Das könnte ein leicht mißverstandenes Wolfskrieger-Motiv sein.

Bei den Skythen muß der Wolf bzw. Hund eine größere Rolle gespielt haben, da man unter den Grabbeigaben auch die Statue eines Hundes fand.

3. c) Griechen

Der Trojaner Paris wurde als kleines Kind in der Wildnis ausgesetzt und dort von einer Bärin als Kind angenommen und gesäugt. Vermutlich ist dies eine Weiterentwicklung des Jenseitsreisemotivs wie es sich auch in der Flußfahrt des akkadischen Königs Sargon als kleines Kind auf dem Euphrat oder bei Moses' Ausgesetztwerden auf dem Nil findet, wodurch die Verbindung des Betreffenden zu den Göttern erklärt wird. Im Fall von Paris wird die Unterwelt durch die Wildnis und den Bären als das Tier der Göttin und der Schamanen dargestellt. Eine Variante davon ist die römische Legende über das Gesäugtwerden des Remus und des Romulus durch eine Wölfin.

Homer berichtet um 750 v.Chr. über einen Krieger, der ein Wolfsfell und einen Otterhelm trug. Sowohl das Wolfsfell als auch der Otter waren bei den Germanen mit Tyr verbunden – vermutlich war bei den Griechen beides mit Zeus assoziiert.

Illias 10, 328:
Jener sprach's; doch Hektor erhob den Szepter, und schwur ihm:
„Höre den Schwur Zeus selber, der donnernde Gatte der Hera!
Nie soll jenes Gespann ein anderer lenken der Troer;
Sondern dir verheiß' ich daherzuprangen beständig!"
Also der Held, und beschwur Meineid, und reizete jenen.
Eilend hängt' er darauf das krumme Geschoß um die Schulter,
Hüllete dann sich umher ein graugezotteltes Wolfsfell,
Fügte den Otterhelm auf das Haupt, und faßte den Wurfspieß,
Eilete dann zu den Schiffen der Danaer.

An einer anderen Stelle scheint Homer eine Kampf-Ekstase zu beschreiben:

Illias 5, 134:
Aber es flog Diomedes zurück in das Vordergetümmel.
Hatt' er zuvor im Herzen geglüht, mit den Troern zu kämpfen;
Jetzo ergriff ihn dreimal entflammterer Mut, wie den Löwen,
Welchen der Hirt im Felde, die molligen Schafe bewachend,
Streifte, doch nicht erschoß, da über den Zaun er hereinsprang;
Jenem erhebt sich der Zorn, und hinfort kann keiner ihm wehren,
Sondern er dringt in die Stelle hinein, die Verlassenen scheuchend;
Und nun liegen gehäuft die Blutenden übereinander;
Aber voll Wut entspringt er dem hochumschränkten Gehege.

Dolon wird zum Wolf
Vasenbild, Griechen, 460 v.Chr.

Homer berichtet auch über den Krieger Dolon, der als Wolf in das feindliche Lager geschlichen ist. Vermutlich ist hier jedoch eine Verkleidung und nicht eine Verwandlung gemeint.

Man ahnt anhand dieses Bildes, wie die Ulfhedinn ihr Wolfsfell getragen haben könnten …

Um 650 v.Chr. verfaßte Äsop eine Fabel, in der Aphrodite eine Katze in eine Frau verwandelt hat, da sich diese in einen Jüngling verliebt hatte. Als die Frau jedoch wieder Mäuse zu jagen begann, wurde sie von der Göttin wieder in eine Katze zurückverwandelt.

Die Verbindung von Frauen und Katzen ist offenbar alt.

Die Griechen nannten die ägyptische Göttin Bastet, die als Frau mit Katzenkopf dargestellt wurde, „Ailuros", d.h. „Katzenfrau".

Pausanias berichtet um ca. 150 v.Chr. die alte Erzählung, daß Zeus einst den König Lykaon in einen Wolf verwandelt hat, nachdem ihm dieser König Menschenfleisch als Speise vorgesetzt hat. Diese Geschichte ist auch durch Ovid überliefert worden, der sie um ca. 10 n.Chr. niedergeschrieben hat.

Agriopas (Skopas), der vor 100 v.Chr. gelebt hat, berichtet über einen Mann, der sich in einen Wolf verwandelt hat, nachdem er von den Eingeweiden eines Kindes gegessen hatte.

Interessanterweise ist es der Göttervater, der diese Wolfsverwandlung bewirkt – bei den Germanen war dies Tyr und bei den Slawen besaß ein Fürst die Fähigkeit zur (eigenen) Wolfsverwandlung.

Bei den Griechen scheint die Wolfsverwandlung generell mit dem Essen von Menschenfleisch assoziiert worden zu sein.

Die Göttin, die von den Griechen „Leto", von den Römern Latona, von den anatolischen Völkern Lycia und von den Etruskern Letun genannt wurde, war eine Göttin der Unterwelt und der Wölfe und der Wiedergeburt. In ihren Mythen hat der Wolf vermutlich vor allem die Funktion des Jenseitsführers.

Die Göttin Leto weist viele alte Merkmale auf, wobei sie vor allem als Göttin der Unterwelt erscheint. Sie ist eine der Titanen (Riesen), also der alten Göttergeneration und sie ist die „unsichtbare Göttin", d.h. die Göttin der Unterwelt. Sie durfte nicht auf dem Festland, nicht auf einer Insel und nicht unter der Sonne gebären – also muß sie in der Unterwelt gebären. Der mythologische Ort, an dem sie letztlich Apollo und Artemis, die sie von Zeus empfangen hatte, gebiert, ist ein genaues Bild des Jenseits in der Wasserunterwelt: eine im Meer schwimmende Insel (entspricht Atlantis).

Als Göttin der Unterwelt ist sie eng mit dem Wolf (Lycos) verbunden, der die Toten in die Unterwelt führt. Sie ist auch das „Vergessen" und das „Verborgene" (Unterwelt). Ihr ursprünglicher Name „Leda" bedeutete vermutlich einfach „Frau, Ehefrau".

Ihre Lotusblüte ist ein Wiedergeburtssymbol – die aus der Wasserunterwelt aufsteigende Seelenblüte, die auch in Ägypten, Indien (und Mittelamerika) in dieser Bedeutung sehr beliebt war.

Der Name der zu Leto gehörenden Wölfe (lycos) war ein Bestandteil vieler griechischer Flußnamen – der Fluß als Symbol der Wasserunterwelt und der Göttin der Wasserunterwelt bzw. der Grenze zwischen Diesseits und Jenseits war eng mit dem Wolf verbunden, der die Toten ins Jenseits führte. Später wurde daraus dann der (dämonisierte) Höllenhund Cerberus am Jenseitsfluß Styx, über den der Jenseitsfährmann Charon die Tote übersetzte.

Sie hat noch zwei weitere Kennzeichen einer Unterweltsgöttin: die goldene Spindel der Schicksalsgöttinnen und die Schlange, die allerdings nur durch die griechische Gleichsetzung der Leto mit der ägyptischen Uräusschlange bekannt ist.

Bei einer so deutlich auf die Unterwelt bezogenen Göttin findet sich naheliegenderweise wie bei Demeter auch ein Mysterienkult, der vor allem auf Kreta weit verbreitet gewesen ist.

Die bereits dämonisierte Form des Wolfes bzw. Hundes findet sich in der Unterwelt als der Höllenhund Cerberus, der am Styx wacht.

3. d)   Zusammenfassung: Ost-Indogermanen

Auch bei ihnen findet sich die Wolfsverwandlung im Zusammenhang mit dem Göttervater.

Der Bär erscheint nur sehr selten, da die Ost-Indogermen sehr weit im Süden lebten. Er tritt als „Ziehmutter" eines Helden auf.

Die Katzen werden auch bei dem östlichen Zweig der Indogermanen mit den Frauen assoziiert.

4. Indogermanen

Die Wolfsverwandlung ist ein allgemein-indogermanisches Thema. Die Auffassung der Werwölfe als Krieger ist zwar im Westen am ausgeprägtesten, aber da die Wölfe stets mit den Männern verbunden sind, wird auch das Motiv der Wolfs-Krieger schon den ursprünglichen Indogermanen bekannt gewesen sein.

In derselben eindeutigen Weise sind die Katzen mit den Frauen verbunden – lediglich die Großkatzen kommen auch als Gestalt von Männern vor.

Der Wolfskrieger ist somit im Vergleich mit dem Bären-Krieger eindeutig das ältere Motiv.

Da das Großraubtier weltweit das Tier des Schamanen (und später auch des Königs) ist, kann man davon ausgehen, daß der Bär zu Odin, der ursprünglich ein Schamanengott gewesen ist, gehört hat. Als Odin dann ungefähr zwischen 100 n.Chr. und 400 n.Chr. auch zu einem Kriegsgott geworden ist, ist aus dem „Schamanen-Bär" ein „Krieger-Bär" geworden.

Der Bär tritt nirgendwo anders als bei den Germanen eindeutig als Krieger-Symbol auf.

Bis 500 n.Chr. werden die Nordgermanen daher wohl vor allem die Wolfskrieger gekannt haben und die Südgermanen sowohl die Wolfskrieger als auch die Bärenkrieger – wobei unklar ist, welche Bedeutung das Motiv des Wolfskriegers bei den Südgermanen damals noch gehabt hat.

Als Thor und Odin dann um 500 n.Chr. den nordgermanischen Göttervater Tyr abgesetzt haben, haben die Nordgermanen dann auch das Motiv des Berserkers übernommen.

Diese verschiedene Herkunft des Ulfhedinn und des Berserkers erklärt auch deren Charakterunterschiede: Die Ulfhedinn waren sowohl Angreifer als auch Heimat-Verteidiger, die „normale Krieger" gewesen sind, die erst in der Spätzeit mit den Berserkern vermischt worden sind, während die Berserker ausschließlich Angreifer waren und sich durch Brüllen und „in den Schild beißen" in die Berserker-Wut brachten.

Bevor die Wölfe bei den Indogermanen zum Symbol für die Krieger geworden sind, könnten sie in Analogie zu den Hirtenhunden ein Bild für die Hirten gewesen sein, die ihre Herden beschützen.

Es ist nicht ganz klar, wann das Element des Ekstase-Kampfes zu dem Bild der Bären-Krieger hinzugekommen ist. Möglicherweise ist diese Technik von Odin bzw. von den ihn verehrenden südgermanischen Kriegern zwischen 100 n.Chr. und 400 n.Chr. aus der Schamanen-Ekstase heraus entwickelt worden.

Es ist anzunehmen, daß das Motiv des Bären-Kriegers gleichzeitig mit der

147

Entwicklung der Kampf-Ekstase entstanden ist – da die Berserker sozusagen kämpfende Schamanen sind, ist der Bär als Symbol der magischen Kraft der Schamanen auch zu dem Symbol der Kampfkraft der Schamanen-Krieger, also der Berserker geworden.

Die Kelten haben diese Technik entweder parallel zu den Germanen oder gemeinsam mit ihnen entwickelt oder sie haben sie von ihnen übernommen.

Da von den Griechen ein früher, aber unsicherer Fall einer Kampf-Ekstase berichtet wird, ist es auch denkbar, daß diese spezielle Ekstase-Technik noch weiter zurückreicht – sonderlich wahrscheinlich ist dies jedoch nicht, da anzunehmen ist, daß es eine reichhaltigere Überlieferung gäbe, wenn die Griechen tatsächlich eine Ekstasekampf-Technik gekannt hätten.

III Bären-Krieger und Wolfskrieger in der Jungsteinzeit

Sowohl der Wolf als auch das Großraubtier, das damals vor allem der Panther gewesen ist, lassen sich bis in die Jungsteinzeit zurückverfolgen.

1. Mesopotamien

1. a) Sumer

Im Gilgamesch-Epos verwandelt die Göttin Ishtar einen Schäfer in einen Wolf.

Als die Göttin Ishtar den König Gilgamesch zum Geliebten haben will, lehnt dieser ab und antwortet ihr:

„ ... ...
Dumuzi, Deinem Jugendgeliebten –
Ihm hast Jahr für Jahr Du zu weinen bestimmt.
Als Du die bunte Racke (Vogelart) *liebtest,*
Hast Du sie geschlagen, ihr den Flügel zerbrochen,
In den Wäldern weilt sie nun und ruft „Meine Flügel!"
Als Du den Löwen liebtest, den kraftvollkommenen,
Grubst Du ihm Gruben, sieben und abermals sieben.
Als Du das schlachtenfromme Roß liebtest,
Hast Du ihm Peitsche, Stachel und Peitschenschnur bestimmt,
Sieben Doppelstunden zu rennen bestimmt,
Aufgewühltes zu saufen bestimmt,
Seiner Mutter Silili hast Du zu weinen bestimmt!
Als Du den Hirten 'Hüter' liebtest,
Der Dir ständig Aschenkuchen geschichtet hat,
Der Dir täglich Zicklein geschlachtet hat,
Hast Du ihm geschlagen, in einen Wolf verwandelt:
Die eigenen Hirtenknaben verjagen ihn nun,
Und seine Hunde beißen ihn in die Schenkel!"

Diese Wolfs-Verwandlung ist keine Krieger-Verwandlung, sondern eine Strafe. Allerdings muß man berücksichtigen, daß in diesem ältesten Bericht über eine Wolfs-verwandlung alle Bilder benutzt werden, um zu zeigen, wie bedrohlich das Verhältnis eines Mannes mit Ishtar für diesen Mann ist. Ishtar ist hier schon wie Hel bei den Germanen von einer ersehnten Wiedergeburts-Göttin zu einer gefürchteten Todesgöttin geworden. Es ist daher anzunehmen, daß die Wolfs-Verwandlung ursprünglich in einem anderen Zusammenhang gestanden hat und eine andere Bewertung erhalten hat – möglicherweise ist der Schäfer einst als Beschützer seiner Schafe ein Wolf gewesen.

Das wäre dann dasselbe Bild, das vermutlich auch die Wurzel der indogermanischen Wolfskrieger gewesen ist.

In Sumer war der Hund das Tier der Muttergöttin. Der Hund war das Symbol der Göttin Ninisina, während die Göttin Gula sogar in der Gestalt eines Hundes erschien. Da der Hund in mythologischer Hinsicht vor allem der Führer ins Jenseits war und die Toten dort von der Muttergöttin wiedergeboren wurden, wurde der Hund genauso wie die Schlange und der Weltenbaum mit der Muttergöttin assoziiert, sodaß die Vorstellung einer Hundegöttin, einer Schlangengöttin und einer Baumgöttin entstand.

1. b) Semiten

In Akkad wurde die Hundegöttin Baba verehrt, die mit der sumerischen Gula identisch ist. Baba war eine Heilungsgöttin – das Heilen ist eine häufige Erweiterung der Jenseitsreisesymbolik, da beides vom Schamanen durchgeführt wird.

2. Nordostafrika

2. a) Ägypten

In Ägypten gibt es keine Wölfe, sondern Schakale. Der Schakalgott Anubis hat jedoch deutlich andere Eigenschaften als ein Werwolf – auch wenn er als Mann mit Schakalkopf dargestellt wird. Er ist vor allem der Jenseitsführer. Der Priester, der die Mumifizierung durchführte, trug stets eine Maske des Schakalgottes Anubis.

Es ist denkbar, daß Anubis ähnliche Wurzeln wie der Werwolf hat, da Anubis auch ein Beschützer der Menschen ist, was dem Beschützen der Herden durch die Wölfe ähnelt und sozusagen die „Ackerbau-Variante" des Herden-Hüters darstellt.

Es gab auch einen Hundegott mit dem Namen Hundegottes Wepwawet („Öffner der Wege"). Auch er ist ein Jenseitsführer gewesen. Bei ihm findet sich jedoch ansatzweise dieselbe Symbolik wie bei den indogermanischen Wölfen, da er auch als der Öffner der Wege für ds Heer, also als Krieger angesehen worden ist.

Diese Symbolik des Wepwawet steht jedoch in keinem erkennbaren Zusammenhang mit den indogermanischen Wolfskriegern, sondern wird eine Parallelentwicklung zu ihnen sein.

Die Katzen sind auch in Ägypten mit den Frauen verknüpft: die Löwengöttin Sachmet, die Panthergöttin Mafdet, die Katzengöttin Bastet und das Löwen-Mensch-Mischwesen Sphinx, dessen Geschlecht nicht ganz eindeutig ist.

Der Schamane ist auch bei den Ägyptern mit dem Großraubtier assoziiert worden: der Sem-Priester trägt ein Pantherfell und der Bes ein Löwenfell.

3.   frühe Jungsteinzeit

3. a)   Göbekli Tepe

Der bisher einzige Panthermann aus den jungsteinzeitlichen Tempeln erscheint auf dem Totempfahl von Göbekli Tepe, der um ca. 9500 v.Chr. erschaffen worden ist. Er stellt einen Menschen mit der Kraft der großen Raubkatze dar.

Die Darstellung dieser Stärke des Jägers durch einen Pantherkopf entspricht den Panthern auf den Köpfen bzw. Gesichtern der T-förmigen Pfeiler in den Tempeln, die stark stilisierte Menschen sind (siehe mein Buch „Göbkeli Tepe").

Der Eingang des Tempels bestand aus einer Steinplatte mit einem Eingangsloch, auf der sich oben links und rechts je eine Pantherstatuette befand. Diese Panther wurden z.T auch auf den beiden Mittelpfeilern dargestellt.

Der Panther, d.h. die Kraft des Panthers ist offenbar eins der wesentliche Ziele der Rituale von Göbekli Tepe gewesen. Dies kann man daran erkennen, das sich der Panther zweimal als einziges Zeichen auf zwei der vier Mittelpfeiler eines dieser Tempel befindet und zweimal auf der Stirn eines Pfeiler, der das Ziel des auf ihm abgebildeten Vorganges repräsentiert. Auf einem Außenpfeiler erscheint eine Panther-Skulptur als das den gesamten Pfeiler prägende Motiv. Ein weiterer, kleiner Panther findet sich oben auf einem Pfeiler.

3. a)   Çatal Höyük

In den Tempeln dieser Stadt, die die erste „Industriestadt" der Welt gewesen ist und die die gesamten umliegenden Bereiche mit Steinwerkzeugen versorgt hat, sind um ca. 7000 v.Chr. tanzende Männer, die mit Pantherfellen bekleidet sind, abgebildet worden. Vermutlich handelt es sich um Schamanen bei einem Ekstasetanz.

In Çatal Höyük ist auch die Statue einer Göttin gefunden worden, die auf einem Thron sitzt, dessen zwei Armlehnen jeweils von einem Panther gebildet werden. Dies ist dasselbe Pantherpaar, daß auch schon aus den Tempeln von Göbekli Tepe bekannt ist und auch dort mit der Göttin in Verbindung steht.

4.   Zusammenfassung: frühe Jungsteinzeit

Das Großraubtier ist bis ca. 9000 v.Chr. die Kraft der Jäger gewesen, die diese sich von der Muttergöttin erbeten haben. Das Großraubtier ist auch das Symbol der Schamanen gewesen – dies ist eine Übertragung der Symbolik des „starken Jägers" auf den „starken Schamanen".

Als die damaligen Jäger mit dem Ackerbau und der Viehzucht begannen, konnte der „Großraubtier-Mann" auch zu dem „starken Hirten" werden.

Bei den Indogermanen und möglicherweise auch bei anderen Völkern trat aufgrund der Assoziation zwischen dem Herden-Beschützern und den Hirtenhunden der Wolf/ Hund an die Stelle der Raubkatze. Dieser Vorgang wird bei den Indogermanen ungefähr zwischen 6000 v.Chr. und 5000 v.Chr. stattgefunden haben, da sie zu dieser Zeit aufgrund der stark verringerten Regenfälle in der südrussischen Steppe vom Ackerbau zu einer halbnomadischen Viehzucht übergehen mußten – ab dieser Zeit erlangte das Motiv des „Herden-Hüters", der auch ein „Sippen-Hüter" gewesen ist, eine zentrale Stellung, da von ihm das Überleben der Menschen abhing.

Spätesten um 2800 v.Chr., als die Indogermanen in die umliegenden Länder zu expandieren begannen, ist aus dem mit dem Wolf assoziierten „Herden-Hüter" ein „Wolfs-Kriger" geworden.

Erst um ca. 100-400 n.Chr. sind bei den Südgemanen aus den „Wolfs-Kriegern" durch die Weiterentwicklung der Schamanen-Ekstase zu einer Kampf-Ekstase die „Bären-Krieger" (Beserker) geworden.

Spätestens um 500 n.Chr., als Thor und Odin den nordgermanischen Göttervater Tyr abgesetzt haben, ist die Unterscheidung zwischen den Ulfhedinn und den Berserkern immer unschärfer geworden.

IV Bären-Krieger und Wolfskrieger in der späten Altsteinzeit

Die Wurzeln des „Panther-starken Jägers" lassen sich noch weiter in die Vergangenheit zurückverfolgen.

Der Homo sapiens ist um 50.000 v.Chr. von Afrika aus nach Eurasien eingewandert und von dort aus um 30.000 v.Chr. auch nach Australien und um 14.000 v.Chr. nach Amerika. Daher sollte man die Themen, die bereits für diese altsteinzeitlichen Jäger wichtig gewesen sind, auch bei den von ihnen abstammenden Völkern wiederfinden können.

1. Europa

1. a) Ungarn

In Ungarn gibt es die Sage, daß eine Katze Gott die Rippe des Adam fortschnappte, als dieser daraus Eva formen wollte. Daraufhin nahm Gott den Schwanz der Katze und formte daraus die erste Frau.

Es ist allerdings ausgesprochen unsicher, ob diese Sage Wurzeln in der vor-indogermanischen Bevölkerung von Europa hat.

2. Asien

2. a) Turk-Völker

Bei den verschiedenen Turk-Völkern, die in Zentralasien leben, ist der Werwolf gut bekannt. Er wurde „Kurtadam", d.h. „Wolfs-Mann" genannt. Um ein Werwolf zu werden, waren schwierige und langwierige Rituale notwendig, was sehr dafür spricht, daß es sehr erstrebenswert gewesen sein muß, ein Werwolf zu sein – denn wer hätte sich sonst eine so große Mühe gemacht?

Der Wolf ist zudem als der Ahn der Turk-Völker angesehen worden. Da auch die Turk-Völker zu einem großen Teil Viehhirten gewesen sind, könnte bei ihnen der Wolf dieselbe Symbolik wie beiden Indogermanen gehabt haben: der „Hüter der Herden". Da der ursprüngliche Lebensbereich der Indogermanen im Westen an den

Lebensbereich der Turk-Völker anschloß, ist sogar eine gemeinsame Entstehung dieser Wolfs-Symbolik bei diesen beiden Hirten-Völkern denkbar.

2. b) China

Aus China ist die Verwandlung von Menschen in Tiger („Wer-Tiger") bekannt.

Es gab vereinzelt auch die Vorstellung, daß Menschen, die von einem Tiger getötet worden waren, als Geister danach strebten, daß noch mehr Menschen von Tigern getötet wurden oder sich selber in Tiger verwandelten. Das scheint jedoch eine relativ späte Version zu sein.

2. c) Tibet

Der tibetische Nationalheilige Milarepa hat sich einst bei seinem Kampf mit den Dämonen in den Bergen in einen Schneeleoparden verwandelt.

2. d) Japan

In Japan gibt es die Vorstellung, daß sich Magie-kundige Katzen in Frauen verwandeln können.

2. e) Thailand

In Thailand verwandeln sich vor allem Zauberer in Tiger. Es gibt auch die Vorstellung, daß sich Tiger, die einen Menschen gefressen haben, in Wer-Tiger verwandeln können.

2. e) Indonesien und Malaysia

Auch auf diesen südostasiatischen Inseln gab es die Vorstellung über Wer-Tiger, die „Harimau jadin" genannt wurden. Die Fähigkeit zu der Tiger-Verwandlung war nach den Vorstellungen dieser Völker erblich. Die Wer-Tiger besaßen große Kenntnisse in der Magie.

Diese Wer-Tiger sind für gewöhnlich freundlich und beschützen die Felder der Menschen. Sie sind nur für die gefährlich, die ihnen ein Unrecht zufügen.

3. Amerika

3. a) Nordamerika

Die Kojoten, die den eurasiatischen Wölfen entsprechen, sind vor allem als Loki-ähnliche Trickster (Narr, Täuscher, Betrüger) bekannt. Sie können zwischen der Gestalt eines Kojoten und eines Menschen hin- und herwechseln.

Der Kojote hat in einigen Mythen den Menschen das Feuer gebracht, den Büffel in die Welt geholt, Ungeheuer versteinert, aber auch das Leiden und den Tod zu den Menschen gebracht. Der Kojote ist manchmal der Begleiter des Schöpfergottes. Bei einigen Stämmen hat er zusammen mit dem Wolf den Schlamm aus dem Wasser heraufgeholt und auf diese Weise die Erde erschaffen. Andererseits hat er auch dabei geholfen, die Große Flut zu verursachen, die fast alles zerstört hat.

Wie in den altpersischen (indogermanischen) Mythen ist die Ursache für den Tod die Erkennnis, daß die Erde ohne den Tod sehr schnell von Menschen überlaufen sein würde – dies wird den Menschen manchmal von Kojote erklärt.

3. b) Mittelamerika

Entsprechend der Fauna in diesem Bereich gab es auch Wer-Jaguars („runa uturun-cu").

Der Kojote stellt in den mittelamerikanischen, indianischen Königreichen die militärische Macht dar, was man als eine Parallelentwicklung zu den Wolfskriegern bei den Indogermanen und dem kriegerischen Hundegott Wepwawet der Ägypter ansehen kann: Wenn aus dem Stamm ein Königreich oder eine kriegerische Gemeinschaft wird, verwandelt sich der „Herden-Hüter" in einen Krieger.

Der aztekische Gott Huehuecoyotl („Alter Kojote") hat die Gestalt eines Mannes mit dem Kopf eines Kojoten. Er ist der Gott des Tanzes, der Musik, des Sex, der Verführungskünste und der Verursacher der Kriege – ein sehr „skorpionischer" Gott …

Der „Chilam Balam" genannte Schamanen-Priester trug in Mittelamerika das Fell eines Jaguars als sein Zeichen.

Bei den Azteken gab es auch den Jaguar-Bund, der aus Elite-Kriegern bestanden hat – ähnlich den Berserkern bei den Germanen. So wie die germanischen Schamanen, die mit dem Bären assoziiert waren, den Ekstase-Kriegern das Bild des Bären übertragen haben, so haben die mit dem Jaguar assoziierten Schamanen der Azteken das Bild des Jaguars auf die Elite-Krieger übertragen.

Hier zeigt sich deutlich, daß sich bei verschiedenen Völkern, die von derselben mythologischen Grundlage (Jäger = Großraubtier) ausgehen, durch denselben Entwicklungsschritt (Bildung eines kriegerischen Königtums) dieselben mythologischen Strukturen (Großraubtier-Krieger) entstehen.

Die Entwicklung von Mythen folgt einer klaren inneren Logik.

4. Höhlenmalerei

Löwenmänner, Altsteinzeit

Aus der späten Altsteinzeit sind nur zwei aus Elfenbein geschnitzte „Löwenmänner" bekannt – zwei Männer mit einem Löwen- oder Pantherkopf. Sie stammen aus der Hohenstein-Höhle in der Schwäbischen Alp und sind ungefähr 40.000 Jahre alt.

Das Motiv des „starken Jägers", der aufgrund seiner Stärke als Panther dargestellt wird, reicht somit mindestens 40.000 Jahre weit in die Vergangenheit zurück – vermutlich noch deutlich weiter, da dies eine sehr einfache und naheliegende Symbolik ist.

Sie findet sich auch um 10.000 v.Chr. in Göbekli Tepe. Ab spätestens 7.000 v.Chr. hat der Schamane die Pantherfell-Symbolik übernommen, wie die Bilder um 7000 v.Chr. in Çatal Höyük zeigen. Auch in Ägypten

156

findet sich von 3250 v.Chr. bis 600 n.Chr. der Schamane („Sem-Priester"), der ein Pantherfell als sein Zeichen trägt.

5.   Zusammenfassung: späte Altsteinzeit

In der Zeit, in der der Homo sapiens Eurasien besiedelt und dort als Jäger gelebt hat, also von 50.000 v.Chr. bis 10.000 v.Chr. hat es da Motiv des „starken Jägers" in der magisch-rituellen Gestalt eines Panthers oder einer ähnlichen Großraubkatze gegeben.

Von diesem Motiv leitet sich die Darstellung der Schamanen als „starke Magier" ab, die daher ebenfalls ein Pantherfell tragen.

Ob der Wolf auch schon in der späten Jungsteinzeit die Symbolik der Stärke gehabt hat, ist unsicher – er findet sich bei vielen Nachkommen dieser Steinzeitjäger, aber er wurde weder in der späten Altsteinzeit (Höhlenmalerei u.ä.) noch in der frühen Jungsteinzeit (Göbekli Tepe, Çatal Höyük) dargestellt.

Daher wird er wohl erst später an mehreren Stellen parallel entstanden sein. In Eurasien (Indogermanen, Turk-Völker) sowie möglicherweise auch in Ägypten steht die Entstehung dieses Motivs mit dem Beginn der Viehzucht in Zusammenhang (Hüte-Hund); in Amerika scheinen die Mythen des Wolfes bzw. des Kojotes eher aus der Wahrnehmung seiner Intelligenz heraus entstanden zu sein.

V Bären-Krieger und Wolfskrieger in der mittleren Altsteinzeit

Die früheste Zeit, in die man durch den Vergleich von Mythen zurückblicken kann, ist die Entstehung des Homo sapiens im südwestlichen Mittelafrika vor 200.000-100.000 Jahren.

Themen, die auf der ganzen Welt einschließlich Afrika vorhanden sind, könnten aus dieser frühen Zeit stammen.

1. Afrika

Die afrikanische Entsprechung zu den Werwölfen sind die Werhyänen, also Menschen, die sich in Hyänen verwandeln.

Die afrikanische Variante der Bären-Männer sind die Leopardenbünde, die ursprünglich sehr wahrscheinlich Schamanenbünde gewesen sind. Sie sind meistens sehr kriegerisch und kennen Ekstasetechniken.

Es gibt die Vorstellung, daß die Götter und Göttinnen die Gestalt von Löwen, Panthern und Leoparden annehmen und zusammen mit Menschen Kinder haben können, die dann magische Kräfte wie die Verwandlung in eine Raubkatze haben und oft zu Königen werden.

Ein weiteres Motiv ist die Vorstellung, daß Könige, Königinnen und ähnlich einflußreiche Menschen als Leoparden oder Löwen wiedergeboren werden.

VI Biographie der Bären-Krieger und der Wolfs-Krieger

- vor 600.000 Jahren -

Der Anfang dieser Symbolik läßt sich nicht mehr genau feststellen. Vermutlich liegt er viel weiter zurück in der Vergangenheit als sich archäologisch und religionshistorisch nachweisen läßt, da der Wunsch, so gut wie ein Großraubtier jagen zu können, sehr schlicht und naheliegend gewesen ist und vermutlich schon früh im Rahmen eines Jagdzaubers zu rituellen Identifizierungen mit dem Großraubtier geführt haben wird.

Man wird davon ausgehen können, daß bereits der Homo erectus vor 600.00 Jahren sich gewünscht hat, „wie ein Großraubtier zu sein", da von ihm Steinwerkzeuge, der Gebrauch von Feuer, religiöse Vorstellungen und Schwitzhütten bekannt sind – was alles zeigt, daß er sich Gedanken über die Welt gemacht hat und seinen Vorstellungen über sie auch eine Form gegeben hat.

- vor 40.000 Jahren -

Der erste direkte Nachweis sind die beiden ca. 40.000 Jahre alten, aus Mammut-Elfenbein geschnitzten Löwen- oder Panthermänner.

- 10.000 v.Chr. -

Nach dem Ende der Eiszeit ist um 10.000-8.500 v.Chr. der Panther in den ersten Tempeln der Menschen sehr häufig dargestellt worden und ein steinerner Totempfahl ist in seiner Grundstruktur ein Panthermann. Die Panther wurden eng mit einer Frau, d.h. wahrscheinlich mit einer Göttin verbunden. Da am Eingang der Tempel zwei steinerne Panther saßen und der Tempel selber den Bauch der Muttergöttin dargestellt hat, wird die Pantherkraft ein Geschenk der Großen Mutter gewesen sein.

- 7.000 v.Chr. -

Um 7.000 v.Chr. sind die beiden Panther in Çatal Höyük als die Lehnen des Thrones der Muttergöttin dargestellt worden. Davon leiten sich viele verschiedene religiöse Motive ab, die von der Sphinx-Löwenfrau vor den Pyramiden, der ägyptischen

Panthergöttin Mafdet über die vielen mesopotamischen Panther-Göttinnen bis hin zu Freyas Katzen reichen.

- 6.000 v.Chr. -

Der nächste Entwicklungsschritt in dieser Symbolik wird bei den Indogermanen stattgefunden haben, deren Vorfahren um 7.000 v.Chr. von Mesopotamien aus nach Norden in die südrussische Steppe gezogen sind, wo sie zunächst Ackerbau betrieben haben. Als die Regenfälle ab 6.000 v.Chr. stark nachgelassen haben, mußten sie zur Viehzucht übergehen. Dabei sind sie vermutlich von Hirtenhunden unterstützt worden, die damals ihren Vorfahren, den Wölfen, noch sehr ähnlich gewesen sein werden. Aus den Hirtenhunden entstand dann das Motiv der Hirten selber als Hunde bzw. Wölfe, die die Herde, d.h. die Sippe beschützt haben.

Möglicherweise haben die Indogermanen diese Wolfs-Symbolik zusammen mit ihren östlichen Nachbarn, den Turk-Völkern (Hunne, Mongolen, Türken u.a.) entwickelt, da diese damals vermutlich ebenfalls als halbnomadische Viehzüchter gelebt haben.

- 2.800 v.Chr. -

Ab 2.800 v.Chr. begannen die Indogermanen zu expandieren und neue Gebiete zu erobern und die Menschen, die sie dort gefangennahmen, als Sklaven zu verkaufen. Das Leben als Hirten ist ein ständiger Kampf gegen die Raubtiere und gegen andere Viehzüchter-Stämme, sodaß es nicht ausbleiben konnte, das aus den „Wolfs-Hirten" nach und nach „Wolfs-Krieger" wurden.

Neben dieser Wolfs-Symbolik wird es weiterhin auch die Panther- und Löwensymbolik der Schamanen gegeben haben, die ab und zu evtl. schon durch eine Bärensymbolik ergänzt worden ist, da in dem damaligen Lebensbereich der Indogermanen auch Bären vorkamen.

- 2.000 v.Chr. -

Um 2000 v.Chr. haben die Indogermanen den einachsigen und von zwei Pferden gezogenen Streitwagen erfunden, auf dem ein Bogenschütze und ein Lenker standen. Dieser „Panzer der Antike" machte die Indogermanen für längere Zeit fast unbesiegbar, sodaß ihre Eroberungen sich bis an den Atlantik, nach Skandinavien, zur Wüste Gobi und bis nach Indien hin ausweiteten.

Dieser Erfolg führte auch dazu, daß man sich vorstellte, daß der Sonnengott-Göttervater nicht mehr zu Fuß über den Himmel wandert oder in einem Schiff über die Himmelssee fährt, sondern daß er in einem Streitwagen über das Himmelsgewölbe rollt.

Aufgrund der Wiedergeburtssymbolik, bei dem der Göttervater die Gestalt eines Hengstes annahm, wurden die beiden Pferde vor seinem Streitwagen als seine Söhne angesehen. Der Göttervater selber war natürlich der „oberste Wolf" und auch seine beiden Pferde-Söhne mußten daher Wolfskrieger sein.

- 1800-750 v.Chr. -

Mit dieser Symbolik sind die Germanen um 1800 v.Chr. in ihre neue Heimat in Skandinavien gelangt. Diese Motive sind dann bei den Germanen in Südschweden, Südnorwegen, Dänemark und Holstein für die nächsten 2300 Jahre weitgehend konstant geblieben. Die einzige Veränderung wird gewesen sein, daß der Löwe und der Panther nun vollständig durch den Bären ersetzt worden sind, der in diesen Ländern das Großraubtier ist.

- 750 v.Chr. – 500 n.Chr. -

Ab 750 v.Chr. ist ein Teil der Germanen nach Süden hin expandiert und hat einen Teil von Mitteleuropa erobert. Dort hat sich aus dem Kontakt mit den Mysterienkulten, die um 600 v.Chr. im Mittelmeerbereich entstanden sind, der Schamanengott Odin zu einem Mysteriengott weiterentwickelt. Der Bär wird anfangs weiterhin das Symbol der großen magischen Macht des Schamanen bzw. des Schamanengottes gewesen sein.

Vermutlich ungefähr zwischen 300 v.Chr. und 100 v.Chr. wird Odin zur obersten Gottheit der Südgermanen aufgestiegen sein.

Zwischen ca. 100 n.Chr. und 400 n.Chr. hat Odin dann auch die Rolle des Kriegsgottes übernommen. Dabei ist die religiöse Ekstase zu einer Kampf-Ekstase weiterentwickelt worden, wodurch der Bär nun nicht mehr nur das Symbol der magischen Macht des Schamanen, sondern auch der Kraft und der Kampf-Ekstase des Kriegers wurde.

Diese Kampf-Ekstase findet sich auch bei den keltischen Nachbarn der Südgermanen und muß daher entweder gemeinsam Schritt für Schritt entwickelt worden sein oder von dem Nachbarn übernommen worden sein.

Ob auch die Nordgermanen zu dieser Zeit eine Kampf-Ekstase gekannt haben, die mit dem Bären oder mit den Wölfen verbunden gewesen ist, ist unklar. Da es keine

Hinweise darauf gibt, ist es zunächst sinnvoll, davon auszugehen, daß die Kampf-Ekstase nur den Südgermanen bekannt gewesen ist, von denen sie auch entwickelt worden ist.

- 500 n.Chr. -

Als um 375 n.Chr. durch den Einfall der Hunnen die Völkerwanderung begann, die bis 568 n.Chr. dauerte, wurde der Erfolg in der Kriegsführung in ganz Europa überlebenswichtig. Zu dieser Zeit hat sich auch der Kontakt zwischen den Nordgermanen und den Südgermanen wieder verstärkt. Vermutlich ist die Technik der Kampf-Ekstase des Odin und der ihn verehrenden Krieger einer der wichtigsten Faktoren gewesen, die dazu geführt haben, daß die Nordgermanen den alten Göttervater Tyr abgesetzt und Odin als Göttervater übernommen haben.

Dadurch trafen zwei Kriegerbilder aufeinander: der Sippenverteidiger-Wolf und der Kampfekstase-Bär. Anscheinend haben die Wölfe zumindestens teilweise die Symbolik der Bären übernommen.

Die alten Mythen des Tyr sind in diesem Zusammenhang entweder zu Sagas geworden oder ganz zerfallen und ihre Bruchstücke sind in die neuen Mythen des Odin und des Thor eingebaut worden.

- 700-950 n.Chr. -

Als zwischen 700 n.Chr. und 950 n.Chr. in Skandinavien die ersten Königreiche gegründet wurden, bildeten die Berserker die „Elitetruppe" der Könige – in vielen Fällen waren dies zwölf Berserker.

- 1000 n.Chr. -

Spätestens ab der Christianisierung Skandinaviens und Islands um ca. 1000 n.Chr. wurden die Berserker und die Ulfhedinn individueller und waren nicht mehr in einen religiös-sozialen Rahmen eingebunden.

Schließlich wurden die Berserker zu Tyrannen und Räubern und wurden daher von den Königen verboten.

C Kriegerinnen

I Kriegerinnen in der germanischen Überlieferung

In den Liedern und vor allem in den Sagas kommen des öfteren Kriegerinnen vor. Da dies nicht selbstverständlich ist, ist es sinnvoll, zu untersuchen, ob mit diesem Kriegerinnen bestimmte religiöse, mythologische oder magische Vorstellungen verbunden waren.

Einige Texte werden im Folgenden in mehreren Kapiteln angeführt, da sie Informationen zu mehreren Themen enthalten.

1. Kriegerinnen

1. a) Nibelungen-Lied

Die Walküre Brünhilde erscheint als Kriegerin:

Da brachten sie der Frau mächtig und breit
Einen scharfen Wurfspieß; den verschoß sie allezeit,
Stark und ungefüge, groß dazu und schwer.
An seinen beiden Seiten schnitt gar grimmig der Speer.

Von des Spießes Schwere höret Wunder sagen:
Wohl hundert Pfund Eisen war dazu verschlagen.
Ihn trugen mühsam Dreie von Brunhildens Heer:
Gunther der edle rang mit Sorgen du schwer.

... ...

Brunhildens Stärke zeigte sich nicht klein:
Man trug ihr zu dem Kreise einen schweren Stein,
Groß und ungefüge, rund dabei und breit.
Ihn trugen kaum zwölfe dieser Degen kühn im Streit.

163

1. b)   Gesta danorum

Die Grundzüge der folgenden Schilderung werden wohl zutreffen, ab man muß schon damit rechnen, daß der Mönch Saxo der Schriftkundige seine eigene christliche Bewertung, die die Askese hoch schätzte, mit einfließen lassen hat.

Bei den Dänen gab es Frauen, die sich wie Männer kleideten und fast die gesamte Zeit ihres Lebens dem Krieg widmeten, damit sie nicht durch Wohlstand erschlafften oder betäubt wurden.

Sie verabscheuten alles bequeme Leben und waren es gewohnt, ihren Geist und ihren Leib durch Mühen und Ausdauer zu härten. Sie legten all die Weichheit und Oberflächlichkeit der Frauen ab und widmeten ihren weiblichen Geist der männlichen Festigkeit.

Sie strebten zudem so eifrig danach, so geübt in der Kriegskunst zu sein, daß man meinen könnte, daß sie selber ihr Geschlecht abgelegt hätten. Insbesondere diejenigen, die entweder die Chraraterstärke oder einen hochgewachsenen und stattlichen Leib hatten, wählten diese Lebensweise.

Diese Frauen boten daher eher (geradeso, als ob sie ihre natürliche Beschaffenheit vergessen und Härte gegenüber sanften Worten vorzögen) Krieg statt Küsse an und sie zogen es vor, Blut statt Lippen zu spüren, und zogen die Tätigkeit der Rüstungen der Tätigkeit der Liebe vor.

Sie widmeten ihre Hände, die eigentlich für den Webstuhl gedacht waren, lieber den Lanzen. Sie griffen Männer mit ihren Speeren an, die sie mit ihren Blicken hätten erweichen können, und sie dachten an Tod und nicht an Tändelei.

1. c)   Gesta danorum

Hier wird auch einmal die individuelle Motivation einer Frau für ihren Kampf genannt:

Gurid nahm aus Liebe zu ihrem Sohn in der Kleidung eines Mannes an der Schlacht teil.

1. d) Gesta danorum

Gelegentlich führten auch alle Frauen zusammen mit den Männern Krieg:

Die Ermordung des Sigar und die Liebe des Siewald rührten das Gemüt der Leute so sehr, daß sowohl Männer als auch Frauen sich zum Kampf rüsteten und man sollte denken, daß es in dieser Schlacht nicht an Frauen gefehlt hat.

1. e) Gesta danorum

Kriegerinnen müssen den Germanen so geläufig gewesen sein, daß man sich als List sogar als eine Kriegerin verkleiden konnte.

Doch Frode mangelte es nicht an einer neuen List. Er tausche seine Kleidung mit einer Dienerin und gab vor, eine Maid zu sein, die in der Kampfkunst bewandert sei.

1. f) Gesta danorum

Frauen konnten auch Heerführerinnen sein.

Danach ergriff Dan der Schnelle die Herrschaft. Während seiner Herrschaft verbündete sich Huyrwil, der Herr von Oland, mit den Dänen und griff Norwegen an. Seine Ruhm wurde durch seinen Sieg über die Kriegerin Ruslia nicht wenig vermehrt, die mit Heeres-Geschick den Schlachten-Sieg zu erringen trachtete. Doch er erlangte vor allem den Sieg über einen weiblichen Feind.

1. g) Gesta danorum

Die Kriegerinnen waren manchmal auch gute Strategen – und hatten nicht weniger skrupellose Ambitionen als die Männer:

Ladgerda, die einen unvergleichlichen Geist besaß, auch wenn sie nur einen zarten Körper hatte, verhinderte durch ihre vorzügliche Tapferkeit, daß die Krieger zu wanken begannen. Denn sie machte einen Ausfall und eilte um den Feind herum und griff

165

sie unerwartet von hinten her an und wandte so die Panik ihrer Freunde auf das Lager ihrer Feinde.

Schließlich gaben die Reihen des Harald nach und Harald selber wurde, begleitet von einem großen Gemetzel unter seinen Männern, getötet.

Nachdem Ladgerda heimgekehrt war, ermordete sie ihren Mann in der Nacht mit einer Speerspitze, die sie in ihrem Gewand verborgen hatte.

Dann ergriff sie seinen ganzen Namen und seine Macht, denn dieser anmaßenden Frau erschien es angenehmer, selber ohne ihren Mann zu herrschen und ihren Thron nicht mit ihm zu teilen.

1. h)   Die Saga über Yngvar den Fern-Reisenden

In dieser Saga wird aus der „Geschichte der Sachsen", die zwischen 1012 und 1018 n.Chr. verfaßt worden ist, die Begegnung eines Wikingers mit „Amazonen", also mit Kriegerinnen, zitiert:

Eymund Olaf-Sohn hatte einen Sohn, der Onund genannt wurde. Er glich Yngvar in vielerlei Hinsicht und vor allem in seinen weiten Fahrten, die in der Gesta saxonum erwähnt werden, in der geschrieben steht: „Denn es wird gesagt, daß Emandus, der König der Schweden, seinen Sohn Onundus über das Baltische Meer sandte – jenen Sohn, der schließlich zu den Amazonen kam und von ihnen getötet wurde."

1. i)   Origo gentis langobardorum

In einem um ca. 650 n.Chr. niedergeschrieben Bericht über eine Schlacht zwischen den Winniliern (den späteren Langobarden) und den Wandalen treten zwar auch Frauen auf, aber ob man sie als Kriegerinnen ansehen kann, ist sehr fraglich.

In den Nord-Landen liegt eine Insel, auf der viele Menschen wohnen und die Scadanan genannt wird, was als „Zerstörung" gedeutet wird.

Unter diesen Menschen gibt es ein kleines Volk, das Winnilier genannt wird. Bei ihnen lebte eine Frau mit dem Namen Gambara, die zwei Söhne hatte – Ybor war der Name des einen und Agio der Name des anderen. Sie waren zusammen mit ihrer Mutter, also mit Gambara, die Anführer der Winniler.

Die Anführer der Wandalen, also Ambri und Assi, kamen mit ihrem Heer und sagten zu den Winnilern: „Entweder ihr zahlt uns Tribut oder ihr bereitet euch für eine

Schlacht vor und kämpft mit uns!"

Da antworteten Ybor und Agio zusammen mit ihrer Mutter Gambara: „Es ist besser für uns, uns für eine Schlacht vorzubereiten als den Wandalen Tribut zu zahlen."

Da baten Ambri und Assi, also die Anführer der Wandalen, Godan (Wotan/Odin)*, daß er ihnen den Sieg über die Winniler gab.*

Godan antwortete und sprach: „Dem, den ich als erstes bei Sonnenaufgang sehen werde, dem werde ich den Sieg geben."

Zu derselben Zeit flehte Gambara mit ihren beiden Söhnen, also mit Ybor und Agio, die die Anführer der Winniler waren, Frea (Freya)*, die Frau des Godan* (Odin/ Wotan)*, den Winnilern wohlgesonnen zu sein.*

Da gab Frea ihnen den Rat, daß die Winniler bei Sonnenaufgang kommen sollten und zusammen mit ihren Männern auch die Frauen, die ihr Haar um ihr Gesicht herabfallen lassen sollten, sodaß es wie Bärte aussah.

Als es dann, als die Sonne aufging, hell wurde, drehte Frea, die Frau des Godan, das Bett, in dem ihr Gemahl lag, herum, sodaß sein Gesicht nach Osten gewandt war, und weckte ihn auf.

Und als er dann aufblickte, sah er die Winniler mit ihren Frauen, die ihr Haar um ihr Gesicht herum herabfallen ließen. Da frug er: „Wer sind denn diese Langbärte?"

Und Frea sagte zu Godan: „Da Du ihnen nun einen Namen gegeben hast, solltest Du ihnen nun auch den Sieg geben!"

Da gab er ihnen den Sieg und sie verteidigten sich seinem Rat gemäß und errangen den Sieg.

Von dieser Zeit an wurden die Winniler Langobarden (Langbärte) *genannt.*

1. j) Historia langobardorum

Dieselbe Begebenheit wird auch hier erzählt. Der Bericht stammt von einem Christen, der sich über die religiösen Vorstellungen der Germanen lustig macht.

Hierüber erzählten die Männer in alter Zeit eine törichte Geschichte:

Die Wandalen kamen zu Godan (Wotan, Odin) *und baten ihn um den Sieg über die Winniler. Darauf antwortete er, daß er denen den Sieg geben würde, die er bei Sonnenaufgang zuerst erblicken würde.*

Da ging Gambara (die Führerin der Winniler) *zu Frea* (Freya)*, der Frau des Goden und bat sie um den Sieg für die Winniler und Frea gab ihr den Rat, daß die ganzen Frauen der Winniler ihre Haare aufbinden und vor ihrem Gesicht wie Bärte befestigen sollten und daß sie sich am frühen Morgen zusammen mit ihren Männern* *in der Richtung aufstellen sollten, in der sie von Godan gesehen würden, wenn er aus seinem Fenster im Osten blickte.*

Dies taten sie. Und als Godan sie bei Sonnenaufgang sah, sprach er: „Wer sind diese Langbärte?"

Da drängte Frea ihn, denen den Sieg zu geben, denen er diesen Namen gegeben hatte. Da gab Goden den Sieg den Winnilern.

Diese Dinge sind lächerlich und von keinerlei Wert. Denn der Sieg wird nicht durch die Männern errungen, sondern wird vom Himmel gesandt.

Dem Schreiber fällt anscheinend gar nicht auf, wie ähnlich ein „von Odin gesandter Sieg" einem „von Gott Vater gesandten Sieg" ist.

Es ist jedoch sicher, daß die Langobarden seit damals so wegen ihrer langen Bärte, die von Messern unberührt blieben, genannt wurden, obgleich sie vordem Winniler genannt worden waren, denn „lang" bedeutet in ihrer Sprache „lang" und „bard" „Bart".

1. k)   Die Saga über Hervor und König Heidrek den Weisen

Die berühmteste nordische Kriegerin ist sicherlich Hervor. Ihre vollständige Geschichte findet sich in dem Kapitel „Heidrek" in Band 39, in dem die gesamte Saga besprochen wird.

Danach gab Heidrek ein großes Fest und nahm die Tochter des Königs von Garda zur Frau. Die Tochter der beiden war Hervor. Sie war eine Schild-Maid.

Eine „Schild-Maid" ist eine Kriegerin, wobei dieser Begriff auch für Walküren benutzt wurde. Hervor verkleidete sich als Mann und nannte sich „Hervard".
Die folgende Szene illustriert gut Hervors Charakter:

Dann machte Hervor sich bereit, alleine davonzuziehen in der Kleidung und mit den Waffen eines Mannes. Sie kam an einen Ort, an dem einige Wikinger waren und segelte eine zeitlang mit ihnen. Sie nannte sich selber während dieser Zeit Hervard.

Einige Zeit später starb der Kapitän und dieser „Hervard" übernahm das Kommando der Mannschaft. Als sie zu der Insel Samsey kamen, befahl „Hervard" ihnen anzulegen, damit „er" auf die Insel gehen konnte, in deren Hügelgräbern sicherlich große Schätze liegen würden.

Aber alle Männer der Mannschaft waren dagegen und sagten, daß dort in der Nacht üble Wesen umgingen und daß es dort am Tage schon schlimmer sei als an den meisten anderen Orten in der Nacht. Aber schließlich ließen sie den Anker hinab und „Hervard" stieg in das Beiboot und ruderte zur Küste. „Er" landete in Munway gerade als die Sonne unterging. Und er traf dort einen Mann, der seine Schafe hütete.

Die junge Frau
traf bei Sonnenuntergang
in der Bucht von Munway
einen Hirten.

* Er sprach:*
„Wer unter allen Menschen
ist hier zu dieser Insel gekommen?
Eile schnell heim
zu Deinem Haus!"

* Sie sprach:*
„Heim zu meinem Haus
eile ich nicht,
denn ich kenne niemanden
von dem Inselvolk;
deshalb sage mir schnell
bevor Du gehst:
Wo kann ich
Hjorvards Tal finden?"

* Er sprach:*
„Frage mich nicht nach diesem,
Du scheinst nicht weise zu sein,
Fürst der Piraten,
Deine Suche ist schrecklich:
laß uns so schnell fliehen
wie uns unsere Füße tragen!
Das hier draußen ist zu viel
für Menschen!"

Sie sprach:
„Hier ist eine wertvolle Halskette
als Bezahlung für ein Gespräch;
Ich bezweifle, daß Du
dem Wikinger-Anführer ausweichen wirst."

Er sprach:
„Niemand kann mir
solch wertvolle Edelsteine,
solch wertvolle Schätze geben,
daß ich nicht meinen Weg gehen werde."

Sie sprach:
„Laß uns nicht so schnell in Furcht geraten
durch das bißchen Zischen und Knistern,
selbst dann nicht, wenn die ganze Insel
in Feuer auflodert;
laß uns nicht
so schnell
vor gefallenen Helden Angst haben;
komm, laß uns sprechen."

Er sprach:
„Töricht würde mir
jemand erscheinen,
der von hier aus alleine weitergeht
bei Nacht;
Flammen schlagen empor,
die Hügelgräber stehen offen,
Felder brennen und Sümpfe –
laß uns schneller fortgehen."

Mit schnellen Schritten
eilte der Hirte zum Haus davon,
floh nun weit fort
vor den Worten dieses Mädchens,
aber Hervors Herz
hart-geformt in ihrer Brust
schwoll nun vor Kühnheit,
angesichts dieser Dinge.

Und so lief er davon zu seinem Dorf und sie trennten sich dort. Daraufhin sah sie, wo die Grabfeuer auf der Insel brannten, und sie ging dort hinauf und fürchtete sich nicht, obwohl all die Hügelgräber auf ihrem Weg lagen und die Toten vor ihnen im Freien standen. Sie watete durch die Flammen als ob sie Nebel wären bis sie zu den Hügelgräber der Berserker kam.

Hervors Vater Angantyr und ihr Großvater Arngrim waren Anführer von Berserkern und selber Berserker gewesen.

Dort rief sie:
„Erwache, Angantyr!
Hervor weckt Dich,
die einzige Tochter
von Dir und Svafa;
reiche mir aus Deinem Grab
diese beste Klinge,
die Zwerge erschaffen haben
für König Sigrlami.

Hervard, Hjorvard,
Hrani, Angantyr,
ihr, die ihr unter Waldwurzeln liegt,
ich wecke euch alle,
mit Schild, mit Brünne,
mit leuchtendem Helm und Harnisch,
einer guten, scharfen Glefe
und einem rotgoldenen Speer.

Eine Glefe ist ein langer Stab, an dem sich vorne ein langes Messer befindet. Die Glefe ist eine einfache Form der Hellebarde, sozusagen ein „Messerspeer".

Eyfura ist die Mutter von Hervors Vater Angantyr. „Eyfuras Junge" ist daher Angantyr.

Nun zu euch,
ihr Söhne des Arngrim:
Gemeine Menschen,
ihr sollt den Moder vermehren,
wenn Eyfuras Junge
heute Nacht nicht einmal
zu mir sprechen will
in der Bucht von Munway.

Hervard, Hjorvard,
Hrani, Angantyr,
ihr sollt an euren Rippen aufgehängt sein,
ihr sollt verrotten
tief in einem Ameisenhügel,
wenn ihr mir nicht
Dvalins Schwert gebt!
Es gehört sich nicht,
daß tote Männer
eine gute Waffe halten!"

Da sprach Angantyr:
"Hervor, Tochter,
was treibt Dich an, mich zu rufen?
Randvoll mit Qual-Runen
steht Dir Leiden bevor.
Du bist nicht mehr bei Sinnen,
verrückt bist Du geworden,
den Verstand hast Du verloren:
tote Männer aufzuwecken!

Nicht hat ein Vater
mein Grab gegraben;
nicht haben meine Eltern
mich bestattet,
auch nicht andere Verwandte;
sie hatten Tyrfing,
die beiden, die lebten,
obwohl es am am Ende
nur einen Besitzer gab."

Sie sprach:
„Es ist eine Lüge was Du sagst -
möge der Gott Dich
gesund in Deinem Hügelgrab erhalten,
wenn Du es wirklich nicht
dort drinnen hast;
Du bist zögerlich
Dein Erbe zu teilen
mit Deinem einzigen Kind."

Da öffnete sich das Hügelgrab und es war, als ob der gesamte Hügel Feuer und Flamme wäre.
Und Angantyr sprach:

„Das Tor zur Hel steht weit aufgesperrt
und die Gräber öffnen sich,
alles ist Feuer
auf der Höhe der Insel;
es ist schrecklich hier draußen
ringsum anzusehen;
gehe fort, Mädchen,
wenn Du kannst, zu Deinen Schiffen."

Sie antwortete:
„Du kannst heute Nacht
keine großen Feuer anzünden
und auch keine Flammen flackern lassen,
die mich erschrecken könnten;
Das Gemüt Deiner Tochter
zittert nicht
auch wenn ich dort in der Tür
tote Männer sehe."

Da sprach Angantyr:
„Ich sage zu Dir, Hervor,
– hör mir nun zu –,
weise Tochter,
was sein wird:
Dieses Schwert Tyrfing
– versuch' es zu glauben –
wird später, Mädchen,
alle Deine Nachkommen zerstören.

Einen Jungen wirst Du gebären,
dem später das Schwert Tyrfing
gehören wird
und der in seine eigene Stärke vertrauen wird;
die Leute werden den Jungen
Heidrek nennen,
er wird zu dem Größten werden
unter dem Himmelszelt."

Sie rief aus:
„Ich belege diese toten Krieger hier
mit diesem Fluch:
Daß ihr für ewig
hier in euren Särgen liegen sollt,
untot mit den Toten
in dem feuchten Moder;
gib mir, Angantyr,
aus Deinem Hügelgrab
– es hat keinen Sinn, es zu verbergen
der Zwerge Werkstück."

Er sprach:
„Ich sage, Mädchen,
Du bist nicht wie andere Menschen:
Hier zwischen Hügelgräbern zu reden
in der Nacht
mit ziseliertem Speer
und gotischem Stahl,
mit Helm und in Harnisch
an der Tür zu meiner Halle."

Da sprach Hervor:
„Ich dachte, daß ich ein Mensch sei
als ich zuhause bei den Lebenden war,
bevor ich hier herab kam
in die Halle von euch toten Männern;
also gib mir aus Deinem Hügelgrab das heraus,
was Rüstungen haßt:
das Verderben der Schilde,
Hjalmars Unglück."

Da sprach Angantyr:
„Hjalmars Unglück
liegt unter meinen Schultern;
die Klinge ist rings umhüllt
von Flammen;
ein einziges Mädchen
da oben auf der Erde, glaube ich,
würde es wagen
diese Glefe in die Hand zu nehmen."

Hervor sprach:
„Ich würde sie in meine Hand nehmen
und mich um sie kümmern,
die schneidenscharfe Klinge,
wenn ich sie nur haben könnte;
ich fürchte mich nicht
vor brennendem Feuer
– die Flammen, die ich hier sehe
werden bald verlöscht sein."

Da sprach Angantyr:
„Du bist töricht, Hervor,
aber voller Wagemut,
in das Feuer zu stürmen
mit offenen Augen;
ich denke, ich gebe Dir lieber,
junges Mädchen,
den Spalter aus meiner Grabkammer,
den ich Dir nicht verweigern kann."

Hervor sprach:
„Du hast gut gehandelt,
Krieger-Sippenverwandter,
als Du mir aus Deinem Grab
das Schwert gabst;
Ich hätte lieber dieses Schwert,
königlicher Herr,
als ganz Norwegen
unter meiner Herrschaft."

Angantyr sprach:
„Verruchte Frau,
was weißt denn Du?
Es gibt jetzt keinen Grund für Freude
oder glückliche Worte;
diese Klinge Tyrfing
– und das glaube mir jetzt besser –
wird, Mädchen,
alle Deine Nachkommen vernichten."

Sie sagt:
„Ich gehe jetzt
zu meinen Meeres-Rössern;
Die Königstochter
ist nun vergnügt genug;
was kümmern mich
die Vettern von Edlen,
und wie später meine Söhne
mit dieser Sache zurechtkommen?"

Er spricht:
„Du sollst besitzen
und Dich lang daran erfreuen,
aber im Verborgenen bewahren,
was Hjalmar tötete;
ritze Dich nicht an den Schneiden
– an beiden ist Gift:
eines Mannes Schicksal,
schrecklicher als die Pest.

Leb wohl, Tochter,
freiwillig hätte ich Dir
die Leben von zwölf Männern geliehen,
– kannst Du es mir glauben? –
Stärke und Standfestigkeit,
all die stämmige Kraft,
die Arngrims Jungen
hinterließen, als sie starben."

Sie sprach:
„Ruht nun, ihr alle,
– ich will jetzt gehen –
rüstige Männer in euren Hügelgräbern;
einen Moment lang habe ich fast geglaubt,
daß ich zwischen den Welten
gestanden habe,
als rings um mich
Feuer brannten."

Dann ging sie zu den Schiffen. Aber als es hell wurde, sah sie, daß die Schiffe fort waren. Die Wikinger hatten sich vor den Donnern und dem Feuer auf der Insel gefürchtet.

In dem Kapitel „Inzest" in Band 51 wird die Struktur der Familie, zu der Hervor gehört, näher untersucht. Sie gehört zu dem Typ „drei Generationen", der auf dem zyklisch wiederkehrenden Tod und der anschließenden Wiedergeburt des ehemaligen Göttervaters Tyr beruht. In diese Symbolik wurde mit der Zeit auch die Jenseitsgöttin miteinbezogen, sodaß der alte Tyr und die Göttin nicht nur den jungen Tyr als Sohn, sondern einen Sohn und eine Tochter als Kinder hatten. Da diese beiden wiederum sich selber, d.h. die nächste Generation zeugten, entstand das Motiv des „mythologischen Inzests". Diese Umdeutung ist dadurch entstanden, daß aus dem zyklischen Vorgang von Tod und Wiedergeburt ein historischer Vorgang mit unterscheidbaren Generationen geworden war.

Die drei Generationen, zu denen Hervor gehört, sind:

Hervors Generationen-Zyklus		
Generation	*Göttervater Tyr*	*Jenseitsgöttin Freya*
1. Generation	Granmar-Heidrek	Kolfrosta
2. Generation	Godmund	Hleidi
3. Generation	Hofund	Hervor

Die Jenseitsgöttin, mit der sich die Toten wiederzeugten und von der sie wieder-geboren wurden, war letztlich auch die Norne, die den Todeszeitpunkt bestimmte, sowie die Walküre, die diesen Schicksalsspruch dem Betreffenden verkündete. Da der Tod oft in der Schlacht stattfand, entstand der Eindruck, daß die Walküren den Verlauf des Kampfes bestimmten – von dort war es dann nur noch ein kleiner Schritt zu der Vorstellung von kriegerischen Walküren … und generell zu kriegerischen Frauen.

Hervor hat in dieser Saga in etwa den Charakter und die Stellung einer Walküre und gleicht somit z.B. der Brünhild aus der Sigurd-Saga.

1. l) Zusammenfassung

Frauen konnten Kriegerinnen und Königinnen sein. Sie gleichen dann teilweise den Walküren.

Kriegerinnen scheinen für die Germanen zwar nicht das Übliche, aber doch etwas Normales zu sein, über das man sich nicht wunderte.

2.   Wikingerin

2. a)   Gesta danorum

Frauen konnten nicht nur Kriegerinnen, sondern auch „Wikingerinnen" sein – so wie in der vorigen Geschichte Hervor Angantyr-Tochter.

Da verfolgte und tötete Horwendil Kollers Schwester Sela, die ein geübte Kriegerin war und viel Erfahrungen in Raubzügen hatte.

2. b)   Zusammenfassung

Wie die Kriegerin Sela und die im vorigen Kapitel beschriebene Hervor zeigen, konnten Frauen auch Wikingerinnen oder Wikinger-Anführerinnen sein.

3. Schild-Maid

Eine Schild-Maid ist eigentlich keine besondere Form der Kriegerin, sondern eine Kenning für „Kriegerin" – eben eine „Maid mit einem Schild".

Da die Kenning „Schild-Maid" jedoch zu einem feststehenden Begriff geworden war, wird er hier gesondert betrachtet.

3. a) Bruchstück einer Saga über einige frühe Könige in Dänemark und Schweden

Eine Schild-Maid konnte auch eine Heerführerinnen sein:

In dem anderen Flügel des Heeres des Königs Harald war eine Schild-Maid Heid mit ihrer Standarte und bei bei ihr waren hundert Krieger.

3. b) Die Saga über Ragnar Lodbrök

In dieser Saga wird Aslaug, die Tochter von Sigurd Drachentöter, die von ihrer Mutter her eine Walküre ist, zu einer Schild-Maid.

„Wir werden deshalb nicht länger warten," sagte Ivar, „wir werden nun mit den Truppen losziehen, die wir nun versammelt haben."

Da sagte Aslaug, daß sie mit ihnen gehen würde, „denn ich weiß am besten, was getan werden muß, um Rache für Brüder zu erlangen."

„Das ist gewiß," sagte Ivar, „daß Du nicht in unseren Schiffen mitkommen wirst. Wenn Du willst, kannst Du die Truppen anführen, die über Land gehen."

Sie sagte, daß es dann so sein solle. Da wurde ihr Name geändert und sie wurde 'Randalin' genannt.

Der Name „Randalin" bedeutet wörtlich „Schutz durch den Schildrand" und etwas freier übersetzt auch „Schild-Maid", da „hlin" auch „Maid" bedeutet. Die Bezeichnung „Schildmaid" kann wiederum auch eine Umschreibung für „Walküre" sein.

3. c) Bruchstück einer Saga über einige frühe Könige in Dänemark und Schweden

Hier wird der Kampf einer Kriegerin beschrieben:

Zu der Zeit griff die Schild-Maid Vebjorg die Schweden und Goten heftig an. Sie rückte auf den Krieger, der Angriffs-Soti genannt wurde, vor. Sie war mit dem Helm und der Brünne und dem Schwert derart vertraut, daß sie hervorragend in den Kampfkünsten war, wie Starkad der Alte erzählt.

Sie versetzte dem Krieger heftige Schläge und ließ lange Zeit nicht von ihrem Angriff ab. Und mit einem Schlag hieb sie seine Wange ab und schnitt durch seinen Kiefer und schnitt sein Kinn ab. Er stopfte seinen Bart in seinen Mund und biß auf ihn und hielt so sein Kinn.

Sie vollbrachte viele große Taten in dem Heer. Etwas später begegnete sie König Hrings Berserker Thorkel Sturkopf und sie fochten einen harten Kampf miteinander aus und als er vorüber war, hatte er sie mit vielen Wunden und großer Tapferkeit getötet.

3. d) Die Saga über Bosi und Herraud

In dieser Saga tritt eine kriegerische Tochter des Königs „Agnar von Noatun" auf. Dieser König könnte aus einer Vermischung des Meeres-Riesen Ägir mit dem Gott Njörd, der in Noatun wohnt, sein. Diese Kombination ist schlüssig, da sowohl Ägir als auch Njörd der ehemalige Sonnengott-Göttervater Tyr als Ase/Riese in der nächtlichen bzw. winterlichen Wasserunterwelt sind.

Diese Annahme eines mythologischen Ursprungs der Agnar-Tochter wird dadurch bestätigt, daß sie den Walküren-Namen „Brünhild" trägt, denn als Tochter des Göttervaters sollte sie auch eine Walküre sein. Sie entspricht wie Hervor der Walküre Brünhild aus der Sigurd-Saga.

Der Mann hieß Thvari und wurde „Bryn-Thvari" genannt („Brünnen-Thvari"). Er lebte nicht weit von der Halle des Königs entfernt. Er war früher in seinem Leben ein großer Wikinger gewesen und als er auf Raubfahrt gewesen war, hatte er eine Schild-Maid getroffen, die Brynhild („Brünnen-Kampf") genannt wurde. Sie war die Tochter des Königs Agnar von Noatun. Sie kämpften miteinander und Brynhild wurde so sehr verwundet, daß sie nicht mehr kämpfen konnte.

Thvari nahm sie zu sich in Pflege und er nahm auch viel von ihrem Besitz an sich. Er pflegte sie wieder gesund, aber danach war sie krumm und verbogen und wurde deshalb Brynhild die Krumme genannt.

Thvari heiratete sie und sie saß mit Helm und Brünne neben ihm auf der Hochzeitsbank – und sie liebten sich beide sehr.

Manche Schicksale nehmen eine seltsamen Verlauf …

3. e) Völsungen-Saga

In dieser Szene sind die Schild-Mädchen deutlich als Walküren erkennbar:

Da trafen sich die beiden Heere am Wolfsstein und ein harter Kampf begann.

Helgi stürmte durch die Heere der Feinde vorwärts und viele Männer fielen dort. Schließlich sah er eine Gruppe von Schild-Mädchen, die wie brennende Flammen anzusehen waren, und eine von ihnen war Sigrun, des Königs Tochter. Da griff Helgi König Hodbrod an und warf ihn nieder und tötete ihn gerade unter seinem Banner.

Und Sigrun rief:

„Habt Dank für Eure männliche Tat! Nun werden wir das Land zwischen uns aufteilen. Dies ist ein sehr guter Schicksalstag für mich und für diese Tat sollst Du Ehre und Ruhm erhalten; dafür, daß Du einen so mächtigen König zu Erde niedergeworfen hast!"

3. f) Zusammenfassung

Eine Schild-Maid ist eine Kriegerin, deren Charakter oft etwas von einer Walküre hat.

Man konnte auch eine Walküre als „Schild-Maid" bezeichnen. Möglicherweise ist „Schild-Maid" ursprünglich eine Walküren-Kenning gewesen – aber das ist unsicher.

4. Banner-Trägerin

Der Standarten-Träger war ein sehr wichtiger Krieger, da er mit der Standarte sozusagen die Ehre und den Ruhm des Heeres hochhielt.

Selbst diese Aufgabe, die für die Motivation und den Mut des Heeres von großer Bedeutung gewesen ist, konnte einer Frau anvertraut werden. Wenn das Banner fällt, ist das Heer zumindestens symbolisch besiegt worden.

4. a) Bruchstück einer Saga über einige frühe Könige in Dänemark und Schweden

In dem anderen Flügel des Heeres des Königs Harald war die Schild-Maid Heid mit ihrer Standarte und bei ihr waren hundert Krieger.

4. b) Bruchstück einer Saga über einige frühe Könige in Dänemark und Schweden

Dann traf Starkad auf die Schild-Maid Visma, die König Haralds Standarte trug. Starkad griff sie heftig an.

Da sagte sie zu Starkad: „Nun ist die Gier des Grabes über Dich gekommen, Du Troll!"

Er antwortete: „Zuerst werde ich Haralds Standarte niederreißen!"

Und er hackte ihre linke Hand ab.

4. c) Zusammenfassung

Frauen konnten auch Standarten-Träger sein. Das Hochhalten des Heeres-Banners war ein Symbol für die gute Moral im Heer und für den Mut und die Zuversicht der Krieger.

5. Heerführerinnen

Frauen konnten auch Heerführerinnen, also Kriegsköniginnen sein.

5. a) Bruchstück einer Saga über einige frühe Könige
in Dänemark und Schweden

In dem anderen Flügel des Heeres des Königs Harald war die Schild-Maid Heid mit ihrer Standarte und bei ihr waren hundert Krieger.

5. b) Gesta danorum

Danach ergriff Dan der Schnelle die Herrschaft. Während seiner Herrschaft verbündete sich Huyrwil, der Herr von Oland, mit den Dänen und griff Norwegen an. Seine Ruhm wurde durch seinen Sieg über die Kriegerin Ruslia nicht wenig vermehrt, die mit Heeres-Geschick den Schlachten-Sieg zu erringen trachtete. Doch er erlangte vor allem den Sieg über einen weiblichen Feind.

5. b) Gesta danorum

Bei den Germanen gab es des öfteren ein Paar von Anführern. Dies findet sich auch bei den weiblichen Heerführerinnen wieder:

Danach hörte er, daß Olaf, der König von Thrond, gegen die Kriegerinnen Stikla und Rusila für sein Königreich kämpfen mußte.

5. d) Gesta danorum

Auch hier wird über zwei Anführerinnen (Hetha und Wisna) und eine Kriegerin (Webiorg) berichtet:

Da kam Tummi der Segelmacher zusammen mit Hakon Wangen-Schnitt unter den Anführerinnen Hetha und Wisna, die zwar die Leiber von Frauen hatten, aber denen die Natur die Seelen von Männern verliehen hatte, aus der Stadt Sle.

Webiorg war ebenfalls von demselben Geist beseelt und wurde von Bui Brama-Sohn und Brat dem Jütländer begleitet, die es ebenfalls nach Krieg dürstete.

5. e) Zusammenfassung

Frauen konnten auch Heerführerinnen sein.

Dabei treten sie genauso wie die Männer oft als Paar auf. Diese Paare gehen auf die beiden Alcis-Söhne des ehemaligen Göttervaters Tyr zurück. Die beiden Anführer waren somit symbolisch die Söhne bzw. die Töchter des Tyr.

6.   Königinnen

Schließlich konnten Frauen auch Königinnen werden – was sich bei den Germanen bis heute als Tradition gehalten hat.

6. a)   Tacitus: Germania

Bereits um 100 n.Chr. gab es bei den Südgermanen Anführerinnen:

Auf die Stämme der Suionen folgen die Stämme der Sitonen. Sie sind ihnen in allem ähnlich, aber unterscheiden sie von ihnen dadurch, daß sie eine Frau als Anführerin haben.

6. b)   germanische Königinnen

Da Rußland von den Wikingern gegründet worden ist, sind die russischen Königinnen mit in diese Liste aufgenommen worden.

In dieser Liste erscheinen nur die Königinnen und sonstigen Herrscherinnen, die auch tatsächlich die Herrscherin und nicht nur die „Frau des Königs" waren.

Wie die Liste zeigt, hat es eine ungebrochene Tradition von Herrscherinnen gegeben, die sich bei heute fortsetzt.

germanische Herrscherinnen			
Jahrhundert	*Name*	*Land*	*Lebenszeit*
100- 399 n.Chr.	„Anführerinnen"	Südgermanen	- - -
200- 399 n.Chr.			
300- 399 n.Chr.			
400- 499 n.Chr.			
500- 599 n.Chr.	Amalasuntha	Ostgotenreich	515 – nach 634
600- 699 n.Chr.			
700- 799 n.Chr.			
800- 899 n.Chr.			

900- 999 n.Chr.	Theophanu	Oströmisches Reich	960 - 991
1000-1099 n.Chr.	Anna	Rußland	1024 - 1078
1100-1199 n.Chr.	Judith	Thüringen	1130 - 1174
	Konstanze	Ungarn	1177 - 1240
1200-1299 n.Chr.	Gertrud	Österreich	1226 - 1288
	Elisabeth	Bayern	1227 - 1273
	Kunigunde v. Hallitsch	Ungarn	1245 - 1285
	Maria de Molina	Kastilien	1265 - 3121
	Elisabeth	Böhmen	1292 - 1330
1300-1399 n.Chr.	Margarethe I	Skandinavien	1353 - 1412
	Katharina v. Lancester	Kastilien	1373 - 1418
	Sophie	Bayern	1376 - 1428
	Blanka	Kastilien	1387 - 1441
	Barbara von Cilli	Deutsches Reich	1390 - 1451
1400-1499 n.Chr.	Jeanne d'Arc	Frankreich	1412 - 1431
	Johanna v. Rosenthal	Böhmen	ca. 1420 - 1475
1500-1599 n.Chr.	Anna	Böhmen und Ungarn	1503 - 1547
	Maria	Ungarn	1505 - 1558
	Elisabeth I	Großbritannien	1533 - 1603
1600-1699 n.Chr.	Anna	Österreich	1601 - 1666
	Christina	Schweden	1626 - 1689
	Anne Stuart	Großbritannien	1665 - 1714
	Ulrike Eleonore	Schweden	1688 - 1741
1700-1799 n.Chr.	Elisabeth I	Rußland	1709 - 1761
	Maria Theresia	Österreich	1717 - 1780
	Katharina die Große	Rußland	1729 -1796
	Wilhelmine	Baden	1776 - 1841
	Therese	Sachsen	1792 - 1854

1800-1899 n.Chr.	Viktoria	Großbritannien	1819 - 1901
	Marie	Preußen	1825 - 1889
	Emma v. Waldeck	Niederlande	1858 - 1934
	Marie-Therese	Österreich	1849 - 1919
1900-1999 n.Chr.	Indira Gandhi	Indien	1917 - 1984
	Margareth Thatcher	Großbritannien	1925 - 2013
	Elisabeth II	Großbritannien	1926 - heute
	Fabiola	Belgien	1928 - 2014
	Beatrix	Niederlande	1938 - heute
	Johanna Sigurdardottir	Island	1945 - heute
	Angela Merkel	Bundesrepublik	1954 - heute
	Theresa May	Großbritannien	1956 - heute
2000-2099 n.Chr.			

6. c) Zusammenfassung

Königinnen bzw. Herrscherinnen sind im Bereich der Germanen seit Beginn der schriftlichen Aufzeichnungen um ca. 100 n.Chr. normal gewesen. Auch wenn es deutlich mehr Herrscher und Könige gegeben hat, hat doch immer auch die Möglichkeit bestanden, daß Frauen zur Königin wurden.

188

7. Kriegs-Königinnen

In den Sagas wird noch über ettliche Königinnen berichtet, die in der Liste im vorigen Kapitel nicht enthalten sind.

Diese Königinnen waren auch durchaus nicht immer friedfertig – einige von ihnen haben auch Kriege geführt. Dasselbe gilt ja auch noch in neuerer Zeit für Königin Viktoria oder für Maggie Thatcher.

7. a) Die Saga über Hrolf Kraki und seine Berserker

Die von Tacitus um 100 n.Chr. berichtete Möglichkeit, daß auch Frauen bei den Germanen Königinnen werden konnte, bestand auch noch gut 1100 Jahre später:

Im Sachsenland herrschte zu dieser Zeit eine Königin mit dem Namen Olaf. Sie hatte das Verhalten eines Kriegskönigs. Sie zog mit Schild und Brünne aus, mit einem Schwert an ihrer Seite und einem Helm auf ihrem Haupt.

So sah sie aus: schön anzusehen, aber grimmig von Gemüt und hochgemut. Man sagte, daß sie die hochgeschätzteste Frau dieser Zeit im ganzen Norden war – aber sie wollte keinen Mann.

7. b) Gesta danorum

Die Kriegerinnen waren manchmal auch gute Strategen – und hatten nicht weniger skrupellose Ambitionen als die Männer:

Ladgerda, die einen unvergleichlichen Geist besaß, auch wenn sie nur einen zarten Körper hatte, verhinderte durch ihre vorzügliche Tapferkeit, daß die Krieger zu wanken begannen. Denn sie machte einen Ausfall und eilte um den Feind herum und griff sie unerwartet von hinten her an und wandte so die Panik ihrer Freunde auf das Lager ihrer Feinde.

Schließlich gaben die Reihen des Harald nach und Harald selber wurde, begleitet von einem großen Gemetzel unter seinen Männern, getötet.

Nachdem Ladgerda heimgekehrt war, ermordete sie ihren Mann in der Nacht mit einer Speerspitze, die sie in ihrem Gewand verborgen hatte.

Dann ergriff sie seinen ganzen Namen und seine Macht, denn dieser anmaßenden Frau erschien es angenehmer, selber ohne ihren Mann zu herrschen und ihren Thron nicht mit ihm zu teilen.

7. c) Gesta danorum

Über diese Kriegerin wird auch noch an einer anderen Stelle berichtet:

Unter ihnen war Ladgerda, eine geübte Kriegerin, die, obwohl sie eine Frau war, den Mut eines Mannes hatte und in erster Reihe zusammen mit den Mutigsten kämpfte und ihr Haar offen über ihre Schultern fallen ließ.

Alle bewunderten ihre unvergleichlichen Taten, denn die Locken, die ihren Rücken hinabfielen, zeigten, daß sie ein Frau war.

Ragnar, nachdem er gerechterweise den Mörder seines Großvaters niedergeschlagen hatte, stellte seinen Gefährten viele Fragen über diese Maid, die er so mutig im Getümmel gesehen hatte, und erklärte, daß er seinen Sieg der Stärke einer einzigen Frau verdanke.

Als er erfuhr, daß sie bei den Barbaren von edler Geburt war, warb er sofort durch Boten um sie.

7. d) Zusammenfassung

Die germanischen Königinnen führten genauso Kriege wie die Könige.

190

8. Zusammenfassung

Kriegerinnen, Banner-Trägerinnen, Heerführerinnen, Heerführerinnen-Paare und Königinnen scheinen allezeit bei den Germanen üblich gewesen zu sein, auch wenn sie in diesem „Männer-Bereich" eine deutliche Minderheit waren. Sie führten als „weibliche Wikinger" auch Raubzüge durch.

Diese Herrscherinnen-Tradition hat sich bei den germanischen Völkern bis heute gehalten.

Bei manchen Stämmen scheinen Kriegerinnen relativ häufig gewesen zu sein. Bei besonderen Anlässen konnten auch alle Frauen einer Gemeinschaft in den Kampf ziehen.

Die Kriegerinnen standen den Walküren relativ nahe, die als ein Aspekt der Nornen zu kriegerischen Gestalten geworden waren. Zu den Kriegerin-Walküren zählen vor allem Brünhild und ihre Tochter Aslaug-Randalin.

Neben Brünhild und Aslaug ist nur noch die Kriegerin Hervor in eine mythologische Struktur eingebunden, in der sie die Rolle der wiedergeborenen Jenseitsgöttin innehat und daher ebenfalls den Walküren nahesteht (sieh „Inzest" in Band 51).

Die Kriegerinnen standen in dem Verständnis der Germanen daher vermutlich den Walküren, den Nornen und schließlich der Jenseitsgöttin Freya nahe.

191

II Kriegerinnen in anderen Kulturen

Kriegerinnen sind außer von den Germanen auch von den Kelten und von den Skythen bekannt. Möglicherweise sind auch die Amazonen, über die die Griechen berichten, ein indogermanisches Volk – evtl. ein Stamm der Skythen.

Es gibt auch bei anderen Völkern Königinnen wie z.B. bei den Ägyptern, von denen insbesondere Nofretete, Hatschepsut und Kleopatra VII recht bekannt sind, aber im Vergleich zu anderen Völkern gibt es bei den Indogermanen, insbesondere bei den Nachkommen der Germanen deutlich überdurchschnittlich viele Herrscherinnen.

Dies hat eine Parallele darin, daß es bei den Indogermanen im Gegensatz zu vielen anderen Völkern auch Priesterinnen, insbesondere Seherinnen gegeben hat.

Es gab auch in Ägypten und Mesopotamien Priesterinnen, die jedoch eine Sonderrolle hatten: Sie waren die Verkörperungen der Muttergöttin, die die (symbolische) Mutter und die Beschützerin der Könige war. In der allgemeinen Priesterschaft gab es hingegen so gut wie keine Priesterinnen (siehe dazu auch Band 58 über die Priesterinnen).

Es stellt sich somit die Frage, wie diese Gleichberechtigung der Frauen bei den Indogermanen entstanden ist. Die Antwort ist vermutlich sehr schlicht: Ein Volk, in dem die Frauen gleichberechtigt sind und genauso wie die Männer kämpfen können, ist militärisch den Völkern überlegen, in denen nur die Männer kämpfen.

Diese Überlegenheit im Kampf ist beim Beschützen der Herden der halbnomadisch lebenden Indogermanen sowohl gegen Raubtiere als auch gegen andere Stämme, die die Herden rauben wollten, überlebenswichtig gewesen.

Auf diese Weise sind die Frauen zu Kriegerinnen geworden – die sich dann auch nicht mehr das Recht, Priesterinnen zu sein, haben nehmen lassen.

Diese Stellung der Frauen hat sich insbesondere bei den weiterhin in Stämmen organisierten indogermanischen Völkern lange halten können, die lange Zeit kein Königtum entwickelt haben. Zu ihnen zählen u.a. die Germanen, die Kelten und die Skythen. Bei den Völkern, die schon früh zentral von einem König beherrscht wurden wie bei den Hethitern, Griechen, Römern und Indern, sind keine Priesterinnen zu finden – und auch keine Kriegerinnen.

D   Krieger-Weisheit

Die Betrachtung der Berserker und der Ulfhedinn erfordert auch die Frage nach der Realität der über sie berichteten Fähigkeiten, da sonst nicht entschieden werden kann, was davon tatsächlich geschehen sein kann und was poetische Ausschmückung ist oder gar nur der Phantasie entsprungen ist.

I   Die Fähigkeiten der Berserker und Ulfhedinn

1.   übermenschliche Kräfte

Wer einmal Menschen in einer heftigen Panikattacke oder in einer Psychose erlebt hat, weiß, in welchem Ausmaß ein Mensch „einsgerichtet", also vollkommen auf ein einziges Thema fixiert sein kann. Diese Einsgerichtetheit gibt diesem Menschen unter Umständen einen Willen und eine Kraft, die er normalerweise nicht zur Verfügung hat.

Dasselbe gibt es auch in positiver Hinsicht, wenn z.B. eine Mutter ein Auto anhebt, um ihr Kind, das halb überfahren worden ist, unter dem Reifen hervorzuziehen.

In beiden Fällen besteht in dem betreffenden Menschen nur noch eine einzige Motivation, der alles untergeordnet wird – im ersten Fall ist dies in der Regel eine Angst und im zweiten Fall Liebe.

Es gibt einen einfachen Versuch, mit dem man selber erleben kann, was eine klare und entspannte Ausrichtung des eigenen Willens ausrichten kann.

Eine Person legt sich flach mit dem Bauch auf den Boden. Eine zweite Person legt sich quer dazu mit ihrem Bauch unten auf die Fersen/Waden der ersten Person. Dann versucht die erste Person, die zweite Person mit ihren Beinen hochzuheben – dabei sollte man sich nicht mehr anstrengen als sich für die Beine noch gut anfühlt, damit man sich keine Muskelzerrung holt. (Ich kenne jemanden, der das bei diesem Versuch geschafft hat …)

Dann stellt sich die erste Person einen Lichtstahl von ihrem Scheitel bis zu ihren Füßen vor. Anschließend stellt sie sich vor, daß die zweite Person nur ein kleines, leichtes Kissen ist. Dann wartet sie, bis es sich gut anfühlt – dann sagt sie innerlich „hepp!" und wirft die zweite Person mit ihren Beinen mühelos durch die Luft.

Es lohnt sich, diesen Unterschied zu erleben!

Ein zweiter Versuch zeigt, daß es nicht-physikalischen Kräfte gibt, die man mitbenutzen kann. Auch dieser Telekinese-Versuch ist recht einfach:

> Der Versuch besteht darin, daß man ein gefaltetes Stückchen Papier so auf eine Nadelspitze hängt, daß das Papier nicht herunterfällt und sich fast reibungsfrei drehen kann. Dann hält man seine rechte Hand rechts neben das Papier, woraufhin sich das Papier nach einer Weile gegen den Uhrzeigersinn zu drehen beginnt. Hält man seine linke Hand links neben das Papier, dreht sich das Papier im Uhrzeigersinn.
>
> Im Internet kann man sich bei „youtube" mehrere Videos dieses Versuches anschauen.

Diese beiden Versuche verleihen noch niemandem „übermenschliche Kräfte", aber sie weisen ein Prinzip nach, das in vergrößerter Form dann den Kräften der Berserker und Ulfhedinn entspricht.

2.   Feuerfestigkeit

Die zweite Fähigkeit, die oft über die Berserker berichtet wird, ist das Gehen durch Feuer und das Essen von glühenden Kohlen.

> Mittlerweile ist das Feuerlaufen wieder recht bekannt geworden. Dabei läuft man barfuß über 600°-800°C heiße glühende Kohlen – in der Regel ohne sich zu verbrennen.
> Ich selber habe das auch vor einigen Jahre ausprobiert und es geht wirklich. Da ich es absurd fand, daß man zügig durch die Glut laufen muß, damit man sich nicht verbrennt, bin ich in der Mitte in der Glut stehen geblieben und habe mir das ganze einmal in Ruhe angeschaut.
> Danach hieß es, daß das nur mit den Fußsohlen möglich sei – also bin ich in der Mitte der Glut stehen geblieben und habe die Glut mit meinen Händen zusammengescharrt und dann emporgeworfen und „Sterntaler" gespielt, was sehr schön aussieht, da man die Feuerläufe ja meistens des Nachts durchführt.
> Dann habe ich überlegt, was man denn noch so anstellen könnte und habe einen Purzelbaum durch die Glut gemacht und mich danach ausgezogen und mich nackt mitten in die Glut gelegt – die Glut war wie weicher, sanfter Sand. Das war eines meiner besten Erlebnisse bisher – einfach mal etwas tun, wovon man genau weiß, daß es unmöglich ist! Dabei habe ich sehr deutlich die innere Freiheit gespürt, aus der heraus Magie geschieht.

Danach habe ich es dann mit „Kirschkern"-Spucken versucht, was des nachts auch recht hübsch aussieht und schließlich habe ich dann ein paar glühende Kohlestückchen aufgegessen.

Wenn es überhaupt möglich ist, über Feuer zu gehen, dann sollte es auch keine Begrenzungen geben, bis wohin man das ausweiten kann.

Meine eigene Erfahrung hat mir somit gezeigt, daß auch dieser Aspekt der Berserker-Fähigkeiten real ist. Man sollte also auch die Feuerfestigkeit soweit steigern können, daß sie dem entspricht, was über die Berserker berichtet wird.

II   Grundlagen der Fähigkeiten der Berserker und Ulfhedinn

1.   Einsgerichtetheit

Ein wichtiger Aspekt der Berserker-Fähigkeiten ist schon im vorigen Kapitel genannt worden: die Einsgerichtetheit. Sie kann aus Angst heraus entstehen oder auch aus Liebe oder aus Lust oder eben auch aus einem klaren Ziel heraus. Die drei ersten Motivationen führen eher zu einer gesteigerten Bewegung (Panik, Mut oder Orgasmus), während das vierte eher zu einer verlangsamten Bewegung führt (zielgerichtetes Handeln).

Diese Einsgerichtetheit ist auch ein wesentlicher Aspekt der Meditation: Um andere Bewußtseinszustände oder auch nur einen anderen Zustand der Psyche zu erreichen, ist eine „entspannte Konzentration" auf das Wesentliche notwendig.

Mit dieser Einsgerichtetheit ist ein zweiter Aspekt der Grundlagen für die Berserker-Fähigkeit eng verknüpft: das hemmungslose Wünschen. Wenn man nicht wagt, wirklich hemmungslos zu wünschen, wird man nicht herausfinden können, was die eigentlichen Wurzeln der eigenen Wünsche sind – und nur die lohnt es sich anzustreben.

Solange man etwas anstrebt, was nicht der Kern der eigenen Wünsche ist, wird es zu dem „Ja" zu diesem Wunsch auch irgendwo in der eigenen Psyche ein einschränkendes „Nein" zu diesem Wunsch geben. Und da das Ergebnis eines Wunsches diesem Wunsch entspricht, werden alle „Ja, aber …"-Wünsche auch ein Ergebnis haben, das nicht so aussieht, wie es sich der „Ja"-Teil dieses Wunsches vorgestellt hat …

Schließlich sollte man sich das Ziel als erreicht vorstellen – dann ist es am leichtesten, es zu erreichen. Ein verkrampftes inneres Bild von dem erreichten Ziel hilft allerdings nicht weiter – nur ein entspanntes Betrachten voller Vorfreude öffnet den Weg zu dem Ziel. Dieses „entspannte Betrachten" kann wiederum nur dadurch erreicht werden, daß man in sich geht und die Wurzeln der eigenen Wünsche erforscht. Wenn man den ursprünglichen, eigentlichen Wunsch gefunden hat, steht er in Einklang mit dem Rest der Psyche, wodurch die Einsgerichtetheit erreicht wird, was wiederum dazu führt, daß der Wunsch in Erfüllung geht.

Als letztes gibt es noch einen einfachen und zugleich schwierigen Aspekt der Grundlagen für die Berserker-Fähigkeiten: Man kann nur geradlinig und einsgerichtet handeln, wenn man sich nicht mehr vor dem Tod fürchtet. Nur dann wird man nicht von seinem Ziel abweichen.

Auch wenn man nicht vorhaben sollte, ein Berserker oder ein Ulfhedinn zu werden, ist diese Haltung im eigenen Handeln für das Erreichen der eigenen Ziele sehr förderlich.

Die Berserker haben die Einsgerichtetheit durch zwei Dinge erreicht: zum einen durch ihren Wunsch, der vom Schutz der Sippe über den Zweikampf bis hin zur Entführung einer Frau durch die Berserker-Räuber reichen konnte, und zum anderen durch die eigentliche Ekstase-Methoden.

Diese Ekstase-Methoden sind „Bewegungen, die mit einem Bild verbunden sind". Die Bewegung ist das Heulen und Brüllen, das Beißen in den Schild und schließlich wahrscheinlich auch noch ein Stampfen mit den Beinen. Diese Bewegungen sind mit einem Bild verbunden: zum einen das Annehmen der Gestalt eines Wolfes oder Bären und zum anderen das Töten des Feindes in dieser Tiergestalt. Das Heulen und Stampfen unterstützt das Tier-Bild und das „in den Schildrand beißen" unterstützt die Vorstellung, den Feind zu beißen, d.h. zu töten.

Dieselbe Kombination von Bewegung und Bild findet sich im Trancetanz, in dem eine Bewegung lange Zeit wiederholt und nur geringfügig variiert wird, wobei man sich innerlich etwas Erwünschtes vorstellt.

Derartige Tänze finden sich z.B. bei den Sufis im Islam. Diese „Derwisch" genannten Tänzer drehen sich lange Zeit im Kreis und konzentrieren sich dabei auf Allah. Der Trick dabei ist, daß einem sofort schwindelig wird, wenn man sich von der regelmäßigen Bewegung dieses Tanzes abweicht – das erleichtert die Konzentration …

Es gibt viele Formen des Trancetanzes. Sie können auch spontan auftreten:

Auf einem Rainbow-Camp haben eines Abends ca. 10 Leute getrommelt und 30 andere getanzt. Zunächst waren die Tänze der Menschen recht verschieden und auch das Trommeln war noch eher „suchend".

Nach einer Weile spürte ich mein Krafttier in mir, das eine Wölfin ist. Sie fing an ein Lied aus einem halben Dutzend Silben zu singen, das so klang wie die indianischen Lieder in der „Geistersprache" mit vielen „hey" und „ho". Schließlich habe ich angefangen beim Tanzen dieses Lied leise zu vor mich hin zu singen, wodurch sich mein Tanzen mit dem Lied verbunden hat, d.h. Singen und Tanzen sind in Einklang miteinander gekommen.

Mein Singen ist nach und nach immer lauter und hemmungsloser geworden und andere Tänzer und Tänzerinnen neben mir haben angefangen das Lied mitzusingen. Schließlich haben alle dieses Lied gesungen. Dadurch ist das Tanzen, das Singen und das Trommeln in Einklang miteinander gekommen – es ist ein gemeinsames Schwingen entstanden, bei dem in mir die Lebensfreude meiner Wölfin geleuchtet hat.

Möglicherweise hat dabei in den anderen deren Krafttier gestrahlt …

Die Unterstützung der Einsgerichtetheit durch Bewegungen und Bilder (oder durch

197

eine Meditation) ist nur dann wirklich effektiv, wenn das, worauf sich die Einsgerichtetheit bezieht, ein Teil von dem ist, was man wirklich aus ganzem Herzen will.

Das Erreichen des Zieles durch diese Einsgerichtetheit trägt auch nur dann Früchte, die man genießen kann, wenn man zu einem Baum gegangen ist, den man tatsächlich auch aus dem ganzen eigenen inneren Wesen heraus erreichen will.

2. Seele

Die Quelle der Einsgerichtetheit ist die eigene Seele, also das, was sich in dem eigenen Leben inkarniert hat. Diese Seele ist wie die Eichel, aus der heraus die Eiche des eigenen Daseins entstanden ist.

Alles, was man tun muß, ist letztlich, das zu sein, was man wirklich ist. Oder mit anderen Worten ausgedrückt: Alles, was zum Glücklichsein notwendig ist, ist das Licht der eigenen Seele ungehindert durch die eigene Psyche nach außen in jede Haltung und in jede Handlung leuchten zu lassen.

Das ist die Wurzel der Einsgerichtetheit. Durch sie wird das Leben mühelos … oder zumindestens deutlich müheloser als vorher.

3. Kundalini

Die Einsgerichtetheit ist nicht nur ein Bewußtseinszustand – er wirkt sich auch auf die Lebenskraft im eigenen Körper aus. Diese Lebenskraft fließt, wenn sie ungestört ist, in einer Konvektionsströmung durch den Körper: Sie steigt von dem Wurzelchakra zwischen den Genitalien und dem After durch die Körpermitte wie der Strahl eines Springbrunnens bis zum Scheitelchakra oben auf der Kopfmitte empor, entfaltet sich dann einige Handbreit über dem Kopf wie die Fontäne eines Springbrunnens, und fällt dann wie die Tropfen eines Springbrunnens knapp eine Armlänge rings um den Körper wieder hinunter, um sich dann erneut in dem Wurzelchakra zu sammeln und wieder aufzusteigen.

Dieser Vorgang ist dem Blutkreislauf recht ähnlich. So wie die Lunge und die Verdauungsorgane das Blut mit Sauerstoff und Nahrung anreichern und diese dann an die Zellen im Körper abgeben, trägt der Lebenskraftfluß die Bilder aus den sieben Hauptchakren nach außen auf die Oberfläche der Lebenskraftkugel („Aura"), wo sie dann die „Andock-Stellen" für die Ereignisse bilden, die den inneren Bildern entsprechen. Im eigenen Leben hängt also viel davon ab, welche Bilder man in sich trägt.

Innere Bilder, die ein ungehinderter Ausdruck der eigenen Seele sind, lassen die Lebenskraft frei fließen; innere Bilder, die von Angst und Sucht geprägt sind, stellen jedoch Blockaden für den Lebenskraftfluß dar.

Daher gibt es zwei verschiedene Ansätze, um von der Lebenskraft aus zu der Einsgerichtetheit und somit auch zu einem ungehinderten Strömen der Lebenskraft im eigenen Körper zu gelangen: Zum einen kann man sich um alle Ängste und Süchte kümmern und sie heilen, wodurch die Lebenskraft wieder leichter fließen kann; und zum anderen kann man das Fließen der Lebenskraft antreiben, wodurch die Bilder, die das Fließen behindern, bewußt werden, sodaß man sie heilen kann.

Dieses „Antreiben der Lebenskraft" ist das Ziel des Kundalini-Yogas. Dabei gibt es zum einen meditative Methoden, bei denen man sich z.B. auf das Wurzelchakra konzentriert und sich dort ein rot glühendes Feuer vorstellt; und zum anderen gibt es die ekstatischen Methoden, zu denen das Tanzen und auch das Brüllen, „in den Schild beißen" und das (vermutete) Stampfen der Berserker gehören.

Die Einsgerichtetheit führt zum Fließen der Lebenskraft – und das Fließen der Lebenskraft führt zur Einsgerichtetheit. Die Lebenskraft ist wiederum das, was die „magischen Wirkungen" der Berserker-Ekstase hervorruft. Daher ist die Kundalini ein wesentlicher Aspekt der Berserker-Wut. Am anschaulichsten wird dies in dem bereits angeführten Beispiel der Kampf-Ekstase des keltischen Sonnengott-Sohnes Cú Chulainn geschildert.

Bei einer Gelegenheit ist Cú Chulainn einmal in diese Kampf-Ekstase geraten und drohte in seiner Wut eine ganze Siedlung zu vernichten. Um ihn zu beruhigen, hat der Anführer der Siedlung alle jungen Frauen nackt vor die Siedlung geschickt, um Cú Chulainn abzulenken. Dann haben die Männer ihn dreimal nacheinander in ein Wasserfaß gesteckt, um seine Kampfhitze zu löschen – nachdem das Wasser in den beiden ersten Fässer verdampft war, hat das Wasser in dem dritten Faß ihn schließlich beruhigen könne.

Das freie Fließen der Lebenskraft wird als Hitze empfunden, die ausgesprochen real ist – die tibetischen Mönche halten sich mit dieser Methode, die von ihnen „Tummo" genannt wird, in den eisigen Temperaturen in Tibet warm. Diese Kälte wird von ihnen geschickt genutzt, denn sie ist eine große Motivation, nicht mit der Tummo-Meditation innezuhalten, da man sonst zu frieren beginnt – was wiederum zu einer großen Einsgerichtetheit führt, die ihrerseits den Mönch schließlich zu seiner eigenen Seele und schließlich noch weiter zu dem Nirvana führt.

Dies ist dieselbe Art von Trick wie der Dreh-Tanz der Derwische …

4. Effektivität

Neben der Kampfekstase gibt es noch viele andere Formen der Kampfmagie, die jedoch abgesehen von Flüchen von den Germanen anscheinend nicht verwendet worden sind.

Auch komplexe Strategien sind nicht die Vorliebe der Berserker gewesen – sie sind eher schlicht und direkt vorgegangen.

Beim Trancetanz und anderen Methoden, mit denen man die Einsgerichtetheit erreichen kann, ist Übung im Allgemeinen sehr förderlich. Es wird leider nirgendwo berichtet, wie die Berserker ihre Fähigkeit erlangt haben. Lediglich über Angantyr wird in der Saga über Pfeile-Odd erzählt, daß er bei einem Kampf in die Berserker-Wut geriet, was ihm zuvor noch nie geschehen war.

Das bedeutet, daß man die Berserker-Wut nicht willentlich hervorrufen konnte, sondern nur etwas tun konnte, um ihr Auftreten zu fördern. Allerdings scheint es den meisten Berserkern und Ulfhedinn jederzeit möglich gewesen zu sein, sich in diese Kampf-Ekstase hineinzuversetzen – wobei es sich dabei nicht um das Erst-Erlebnis, sondern um Wiederholungen handelt.

Der Aspekt der Übung wird in diesem Fall das viele Kämpfen der Wikinger gewesen sein und möglicherweise auch das Üben des Brüllens, des „in den Schildrand Beißens" und (vermutlich) des Stampfens. Leider wird darüber nirgendwo etwas genaueres berichtet.

Zu den Aspekten des effektiven Handelns gehört auch die Kenntnis des eigenen Stils – „jeder Jeck ist anders" wie man im Rheinland sagt … Das Verstehen des eigenen Stils kann durch die Beschäftigung mit dem eigenen Horoskop sehr gefördert werden. Und das „Handeln auf die eigene Weise" macht das eigene Handeln sowohl deutlich leichter als auch deutlich wirkungsvoller.

Dieser Aspekt scheint bei den Berserkern jedoch so gut wie keine Rolle gespielt zu haben.

III Krieg und Frieden

1. Konkurrenz und Kooperation

Bei einer Betrachtung der Kampf-Ekstase ist die Frage nach dem Sinn des Kämpfens natürlich ein zentraler Punkt.

Zunächst einmal kann man feststellen, daß alles, was sich nicht selber erhalten kann, vergeht. Das führt dazu, daß nur das existiert, was sich erhalten kann – von chemischen Verbindung bis hin zu einem Staat. Diese Selbsterhaltung ist in der Auseinandersetzung mit anderen, deren Ziel den eigenen Zielen widersprechen, der Kampf. Der Kampf ist also lebensnotwendig.

Der Egoismus ist somit Teil des Lebens selber. Nun gibt es verschiedene Formen des Egoismus oder genauer gesagt, Egoismus auf verschiedenem Niveau und daher auch mit verschiedener Effektivität. Ein Egoismus, der nur fünf Minuten weit sieht und nur die Dinge im Umkreis von zwei Metern wahrnimmt, kommt zu anderen Entschlüssen als ein Egoismus, der stets acht Generationen weiterdenkt und der die Erde als Ganzes betrachtet.

Das Problem ist somit der „kurzsichtige Egoismus", während der „weitsichtige Egoismus" zum Wohlergehen von allen führt. Die Auseinandersetzung zwischen diesen beiden Sichtweisen ist gerade das Hauptthema in der Politik: Einzelstaaten-Egoismus oder Menschheits-Egoismus – man könnte diese durch die Globalisierung hervorgerufene Frage auch „Narzißmus oder Einsicht" nennen.

Der „kurzsichtige Egoismus" sieht vor allem die Konkurrenz, der „weitsichtige Egoismus" sieht hingegen auch die Möglichkeiten und vor allem auch die Notwendigkeit zur Kooperation.

Durch die Einsicht in die Gesamtzusammenhänge entsteht über dem schlichten „Kampf ums Überleben des Einzelnen" ein Überbau, der von dem „Kampf um das Überleben der Menschheit" geprägt ist. In diesem „weitsichtigen Egoismus" erhält der Kampf eine untergeordnete Funktion – es wird nicht mit weniger Kraft gekämpft, aber es wird gemeinsam und für klarere und sinnvoller Ziele gekämpft.

Dadurch verwandelt sich die „jeder ist sich selbst der Nächste"-Haltung in eine neue Haltung, in ein „in Vertrauen von allen getragen werden" und in ein „in Verantwortung alle tragen".

IV   Traumreisen

Bei einer Traumreise befindet man sich gleichzeitig im Wachzustand und im Traum-zustand. Das klingt zwar exotisch, aber ist trotzdem fast jedem bekannt: Wenn man einen lebhaften Tagtraum hat oder wenn man morgens nach dem Aufwachen noch fünf Sekunden weiterträumt, ist man in genau diesem Zustand.

Da man in diesem Zustand wesentlich leichter Zugriff auf die Telepathie hat, ist es möglich, in Traumreisen auch an Informationen zu gelangen, die man eigentlich gar nicht haben kann – man kann auf diese Weise z.B. nach Dingen suchen, die ein anderer verloren hat. Mithilfe einer solchen Traumreise kann man dann z.B. den Ort beschreiben, an dem die verlorene Sache liegt.

Daher sind Traumreisen auch dafür geeignet, zusätzliche Informationen zu Themen zu erhalten, mit denen man sich gerade beschäftigt. Die Art der Informationen, die man auf diese Weise erhält, ist natürlich anderes als z.B. Informationen, die man durch eine archäologischen Ausgrabung erlangen kann, aber wenn man die Quelle der Information im Bewußtsein behält und überprüft, ob die Traumreisen-Informationen z.B. im Einklang mit den archäologischen Informationen stehen, können diese Traum-reise-Erlebnisse ausgesprochen bereichernd sein.

Es liegt also nahe, solche Traumreisen auch zu den drei Themen dieses Buches, also zu den Berserker, zu den Ulfhedinn und zu den Kriegerinnen zu unternehmen.

1.   Traumreise zu den Berserkern

Wenn man etwas über Gottheit wissen will, kann man zu dieser Gottheit reisen – doch was kann man tun, wenn etwas über die Berserker wissen will? Gibt es ein Ber-serker-Urbild? Oder muß man Tyr und Odin danach fragen?

Da dies zunächst einmal unbekannt ist, es notwendig ist, auf dieser Traumreise zu-nächst einmal herauszufinden, welches Vorgehen bei diesem Thema am sinnvollsten ist.

„Ich mache jetzt eine Traumreise, um die Berserker besser zu verstehen. ... Gibt es da so etwas wie ein Berserker-Urbild, an das ich mich wenden kann?"

Hm, ich sehe eine Gestalt, ziemlich groß, ziemlich kräftig, ein bißchen dick – also, jetzt nicht Speckbauch, sondern füllig und vor allem Muskeln ... so'n bißchen was Troll-artiges ...

„Hallo?"

Hm ... er hält eine ziemlich große Keule in der Hand ...

„Wer bist Du?"

„Ich bin das Bild eines Berserkers."

„Hm ... scheint aus einer ziemlich späten Entwicklungsphase zu stammen – oder?"

„Ja ... das ist das Berserker-Bild aus der Zeit, als keiner mehr die Berserker verstanden hat."

„Hm ... ich würde gerne ein früheres Bild sehen – läßt sich das machen?"

...

Gefühlsmäßig bin ich jetzt so ungefähr bei ... ja, 1000 n.Chr. 1050 n.Chr. ... so etwa in der Zeit ...

Ich sehe einen Mann ... er hat ein bißchen Bart, nicht lang, so'n kurzen Bart ... sieht eigentlich normal aus – also, man sieht, daß es ein Krieger ist ...

„Bist Du ein Berserker?"

„Ja."

„Ich würde gerne noch besser verstehen, was ein Berserker ist."

„Was möchtest Du verstehen?"

„Hm ... ich weiß nicht, ob ich alles Relevante schon verstanden habe – weil das ja bisher Schlußfolgerungen sind – zum Teil ... und Zusammenfassungen von Texten ... Ich würde gerne wissen, was alles zum Erzeugen dieser Berserker-Ekstase gehört ... und wie man das lernt."

„Du brauchst zunächst mal einen Grund – ohne einen Grund geht das nicht. ... Dann gibt es da noch den Entschluß – also, wenn Dich jemand beleidigt oder Dir oder Deiner Familie Leid zufügt, dann kannst Du beschließen, in diese Berserker-Wut zu gehen – oder nicht."

„Hm ... wenn Du das so erzählst, kann ich da fühlen, daß Du in diesen Zustand irgendwie wie hinübergleiten kannst."

„Ja, das stimmt – wenn man in ihm geübt ist, geht das."

„Das ist wie sich an etwas erinnern, in diese Erinnerung hineingehen und sich dann damit verbinden oder ... sich davon erfüllen lassen. ... Sind bestimmte Dinge nötig, um da hineinzukommen? Also dieses Brüllen und diese Schildrand-Beißen und das Stampfen, das ich vermute?"

„Du willst ja kämpfen, also mußt Du Deine Bewegungen aktivieren ... und zwar 100%-ig, daß alle Energie da drin ist. ... Das sieht bei den Berserkern verschieden aus."

„In welcher Weise?"

„Manche brüllen mehr, manche machen das mit dem Schildrand-Beißen, manche stampfen auf – die toben sozusagen schon vor dem Kampf herum ... auf dieselbe Weise, wie sie dann kämpfen ... sie kämpfen sozusagen oder fangen an zu kämpfen, ohne daß der Feind schon vor ihnen ist."

„Das heißt, sie geraten einfach so richtig in Rage. ... Das Stampfen – ist das ein häufiges Element?"

„Die meisten stampfen – sie stehen halt nicht still ... “

„Hm ... was ist mit dem Bild des Bären oder des Wolfes? “

„Das spielt keine so große Rolle. “

„Das heißt, der Berserker bleibt in seiner Selbstwahrnehmung und in seiner Imagi-nation er selber? “

„Ja, weitgehend schon. “

„Hm ... wie war das zu einer früheren Zeit? ... Ich glaube, die Frage ist erst später dran – oder? ... Wie lernt man das – Berserker zu sein? “

„Das ist sehr verschieden. Manche kämpfen und geraten während des Kämpfens in diese Ekstase hinein – das kommt einfach über sie. “

„Hm ... ist dafür notwendig, daß sie das Bild, das es das gibt, in sich tragen? “

„Nunja, wenn man's schon mal gesehen hat bei anderen oder davon gehört hat, gibt es so etwas wie ... einen Kondensationspunkt, um den herum sich das bilden kann. “

„Welche anderen Möglichkeiten gibt es? “

„Nunja, das Stampfen und das Schildrand-Beißen und das Brüllen – das kann man einfach mal tun ... und schauen, was kommt ... “

„Hm, das klingt jetzt alles nicht so, als ob es eine Ausbildung zum Berserker geben würde. “

„Nein, das gibt es nicht, aber wenn Du einen Vater oder Brüder hast, die öfters in diesen Zustand kommen, dann siehst Du halt, wie das geht ... und dann kannst Du diesem Weg folgen – in kleinen Stücken oder schubweise ... “

„Hm ... das heißt, in einem Stamm oder in einem Volk lebt einfach dieses Bild des Ekstase-Kämpfers ... und da kann man sich anschließen und man kann auch so werden wie andere Berserker, die man gesehen hat. “

„So ist das, ja. “

„Hm ... ... Wie ist das denn entwickelt worden und wann war das? Können wir dahin zurückgehen? “

...

„Ja. “

...

Ich glaube, wir sind nun so bei 300, 350 n.Chr. ... und wir sind irgendwo in Süddeutschland ... oder vielleicht südliches Mitteldeutschland ... so ungefähr ...

„Wie ist das entstanden? Wie ist das entwickelt worden? “

...

„Frag Odin. “

Ich wende mich innerlich an Odin: „Odin? “

... ...

„Ja? “

„Ich würde gerne wissen, wie diese Kampf-Ekstase, die Berserker-Wut entstanden *ist. ... Ist die einfach entdeckt worden?"*

... ...

„Es gab viel Kampf ... und als die Hunnen gekommen sind, gab es noch mehr Kampf ..."

„Hm ... hast Du schon vorher eine Kampf-Ekstase gekannt ... oder eine Schamanen-Ekstase?"

...

„Ich habe die Kundalini gekannt."

...

„Hm ... und die Krieger – kannten die die Kundalini?"

„Ja – die, die die Jenseitsreise gekannt haben."

...

„Und diese Krieger, die die Kundalini fließen lassen konnten, die sie aus der Jenseitsreise kannten, aus der Reise zu ihrer eigenen Seele – die kannten die Einsgerichtetheit. ... stimmt das so?"

„Ja."

„Und diese Einsgerichtetheit – die haben die dann auf den Kampf angewendet?"

„Ja."

...

„Hm ... das heißt, da hat sich also was schrittweise von den spirituellen Erlebnissen zu den Kriegern verschoben?"

„Ja."

„Diese Verbindung gibt es ja öfter mal – von Religion und Kampf ... bei den Kreuzrittern, bei den Templern ... bei Dir – Du bist der Kriegsgott und der Schamanengott ... ich glaube, die Samurais haben auch was davon ... und die Kung Fu-Kämpfer und die Shaolin ... Da gibt es einiges, ne? ... Auch Karate ist ja so 'ne Kombination von Meditation und Kampftechnik."

„Nun, das Einsgerichtetsein erreicht man durch den Einklang mit der eigenen Seele ... und für den Einklang mit der eigenen Seele brauchst Du Meditation oder Trancetänze oder Dinge in dieser Art ... Von daher ... Wenn jemand, der die Einsgerichtetheit kennt, da heraus kämpft, dann kriegst Du halt diese Art von Krieger ..."

„Und die haben bei jedem Volk einen verschiedenen Charakter, wie's scheint ... Ein Karatekämpfer hat doch eher etwas Gelassenes, Ruhiges ... das ist ja bei einem Berserker nicht so."

„Das sind unterschiedliche Stile – das Grundprinzip ist dasselbe."

„Was hat der Bär damit zu tun?"

„Der Bär ist das Schamanentier – der Bär ist das Zeichen der Kraft der Schamanen ... oder der Löwe, der Panther, der Tiger und so ..."

„Spielt der Bär bei dem Erwecken der Berserker-Wut irgendeine Rolle?"

„Der ist mehr das Symbol dafür als eine Hilfe dabei. ... Das Fließen der Kraft, die

Kundalini, die Einsgerichtetheit – die werden durch das Symbol des Bären ausgedrückt."

...

„Kam das denn irgendwo vor, daß sich der Krieger mit einem Bären identifiziert hat?"

„Das kommt schon vor ... am Rande ... aber eigentlich mußt Du dafür weiter zurückgehen ... bis zu den Jägern, die sich mit dem Panther identifiziert haben. Da war das ein reales Erlebnis – die haben sich in ihrer Vorstellung in einen Panther verwandelt. Danach war es nur noch ein Bild."

„Und das Brüllen der Berserker?"

„Das ist menschliches Brüllen – das ist kein Bärenbrüllen."

„Und das 'in den Schildrand beißen'?"

„Das ist ein Ausdruck der Aggression, aber nicht speziell ein 'Bären-Beißen'. Die Zähne sind die Waffen des Menschen – und mit denen greift er an."

„Hm ... der Schildgesang, von dem Tacitus berichtet, der Bardit – ist das auch ein Vorläufer der Kampfekstasen-Erzeugung?"

...

„Das ist mehr eine Drohgebärde oder ein Ritual, um die Gemeinschaft stärker zusammenzubinden. ... Es hat auch den Aspekt der Konzentration und der Ausrichtung – insofern ist es auch ein Vorläufer der Ekstasetechniken, aber seine Hauptfunktion ist eine andere – die Krieger miteinander in Einklang zu bringen, die Gemeinschaft zu spüren, den Stamm ..."

...

„Gab es das, daß Berserker Dich um Hilfe gebeten haben, wenn sie in die Berserker-Wut kommen wollten oder wenn sie überhaupt erst einmal das Berserker-sein lernen wollten?"

...

„Das gab es – die Menschen sind sehr verschieden und das geht auch ... aber es war nicht die Regel. Es kam vor."

...

„Hm ... gibt es noch etwas, was Du mir dazu sagen möchtest? Oder zeigen möchtest?"

...

Tiefer Seufzer ...

„Schau, daß Deine Ziele klarer werden. Und gehe bis zu den Wurzeln Deiner Gefühle. Und gehe zurück bis vor den Punkt, an dem Du Deine Gefühle an bestimmte Menschen und Dinge bindest. Schau Dir an, was die Wurzel Deiner Wünsche und Ziele in Dir selber ist – also der Wunsch mit Menschen zu sein, der in Dir ist, und nicht bestimmte Menschen, mit denen Du zusammensein willst. Es ist wichtig, daß Du diese Ebene davor im Blick behältst. Natürlich sind es dann konkrete Menschen –

jeder Wunsch muß ja vor seiner Verwirklichung konkreter werden – aber diese Ebene vorher ... die brauchst Du!"

„Gut, ich werde danach schauen. ... ... Stimmt es, daß mit Dir der Bär verbunden ist und mit Tyr der Wolf?"

„Ja. Ich bin der Schamane – Tyr ist der Krieger."

„Ja ... so in der Art habe ich mir das auch gedacht. ... Danke, Odin!"

„Bitte."

„Und dank Dir, Berserker!"

Er lacht leise vor sich hin ...

„Dann kehre ich jetzt zurück."

2.   Traumreise zu den Ulfhedinn

„Ulfhedinn? ... Kann ein Ulfhedinn zu mir kommen ... oder mich zu sich holen? ... Ich würde gerne die Ulfhedinn besser verstehen."

...

Ich sehe eine ganze Gruppe von ihnen ... so fünf, sechs Männer.

...

Ein sehr tiefer Seufzer ... warum?

...

„Was unterscheidet euch von den Berserkern?"

...

„Wir sind erst einmal Krieger. ... Wir sind nicht unbedingt Berserker."

...

„Und was unterscheidet euch von anderen Kriegern?"

...

„Die Tradition des Beschützens ... und die Gemeinschaft. Berserker sind eher Einzelgänger. Nicht überall – aber von der Tendenz her ... Ulfhedinn sind eher Gemeinschaften."

„Und kennt ihr die Kampf-Ekstase?"

...

„Nicht alle ... aber einige ja."

„Und das Wolfsheulen?"

„Das ist wie der Schildgesang, wie der Bardit – der schafft Gemeinschaft. Und da schwingen natürlich auch die Aggression und die Anriffswut mit, weil ... dieses Gemeinschaftsheulen gibt es zwar auch einfach so, aber eben vor allem dann, wenn möglicherweise Kampf ansteht."

... ...

„Gibt es etwas, was ihr mir sagen oder zeigen möchtet?"

...

Ich sehe innerlich einen Mann, der sich in einen Wolf verwandelt.
„Du zeigst mir die Wolfsverwandlung? ... Was hat das mit der auf sich?"

...

„Das ist eine Form der Einsgerichtetheit. Wenn ich der Wolf werde, bin ich ganz der Beschützers der Herde und des Rudels. Das Rudel ist der Stamm und die Herde ist das Vieh und der Besitz und die Häuser des Stammes."

...

„Das heißt, die Wolfsverwandlung ist viel stärker an eine Aufgabe gebunden als die Bärenverwandlung."
„Die Bärenverwandlung ist eh selten, aber die Berserker haben eine andere Ausrichtung – das stimmt. ... ... Und die Wolfsverwandlung ist älter, die ist indogermanisch – die Bärenverwandlung ist südgermanisch. Die Nordgermanen haben sie dann übernommen – vor allem während der Völkerwanderungszeit ... da konnte man so etwas gut brauchen um zu überleben."

...

„Heißt das, daß die Berserker auf der Tradition der Ulfhedinn aufgebaut haben?"
„Ja. Da kam die Tradition der Ulfhedinn mit der Schamanenekstase des Fließenlassens der Kundalini zusammen."
„Das heißt, der Bardit ist eher ein Wolfsgesang gewesen als ein Berserker-Brüllen."
„Genau."

...

„Hm ... ... Und die Geschichten über die Wolfsverwandlungen?"
„Die stammen daher, daß es die Vorstellung gab, daß sich die Krieger eines Stammes, wenn sie kämpften, in Wölfe verwandelt haben. Sie wurden zu einem Rudel. Sie haben wie Wölfe geheult und haben dadurch das Gemeinschaftsgefühl erschaffen."
„Das klingt, als sei bei den Ulfhedinn das Wolfsbild wichtiger als das Bärenbild bei den Berserkern."
„Ja, das stimmt. ... Wenn die Ulfhedinn heulen wie Wölfe, stellen sie sich auch vor, Wölfe zu sein – natürlich wissen sie gleichzeitig auch, daß sie Menschen sind. ... Aber da ist die Tierverwandlung tatsächlich noch ein Teil der Methode, um in diesen Kampfzustand zu kommen."

...

„Hm ... diese Geschichten aus der Sippe von Egil Skallagrimson über Egils Großvater, den 'Abendwolf' ... das was da erzählt wird ... daß der nachts in so komische Stimmungen kam ..."
„Das ist ein spezieller Fall – der hat sich stark mit den Wölfen verbunden. Der ist fast jeden Abend in diesen Zustand gegangen oder gekommen."

„Das klingt eher nach Krafttier und nach ... ja, nach einem sehr ausgiebigen 'sein Krafttier leben'."

„Ja."

„War der Wolf das Krafttier von Kvedulf?"

„Das ist nicht wichtig."

„O.k. ... Gibt es noch etwas, was für mein Verständnis wichtig ist?"

Der Ulfhedinn lacht leise und sagt: „Frag' Deine Wölfin, Dein Krafttier!"

...

„Hm ... bist Du da? ... Ja, ich sehe Dich. ... Gibt es etwas, was Du mir sagen oder zeigen kannst, was diese Ulfhedinn betrifft oder mich und die Ulfhedinn?"

... ...

„Das ausgeprägte Sippengefühl kennst Du ja – das hast Du ja. Und diese Treue – die hast Du auch. Das ist auch ein Teil von dem Ulfhedinn-Gefühl."

„Und das Kämpfen?"

...

„Nun, da bist Du schon besser drin geworden."

... ...

„Möchtest Du da noch etwas sagen oder mir zeigen?"

...

„Nicht jetzt."

„O.k."

...

„Und Du, Ulfhedinn? ... Du erinnerst mich wortlos daran, daß ich Tyr fragen soll? ... O.k. ... Tyr?"

„Ja?"

„Bist Du ein Ulfhedinn?"

„Natürlich. ... Ich schütze mein Volk."

„Bist Du Fenrir?"

...

„Das stimmt schon – ich bin Fenrir. Aber das ist nicht die einzige Wurzel, die Fenrir hat."

...

„Was gab es denn da noch?"

...

„Frag Fenrir, wenn Du das Buch über die Wölfe schreibst."

„O.k."

...

„Gibt es etwas, was Du mir sagen oder zeigen möchtest?"

...

Ich habe das Bild oder die Vorstellung in mir, daß der Göttervater bei den Indoger-

manen der 'Große Wolf' ist. ... „Stimmt das?"

...

„Die Vorstellung hat es gegeben. Sie war nicht das prägende Element, aber sie war ein Teil der Mythen."

...

„Und ... was hast Du mit den Ulfhedinn zu tun? Was ist da die Verbindung?"

...

„Im Kampf sind wir eins."
„Die Ulfhedinn und Du?"
„Ja. ... Dann sind wir Wölfe."

...

„Hm ... Du beschützt den Stamm und die Ulfhedinn beschützen den Stamm. Und Du beschützt auch die Ulfhedinn."

...

„Es ist ein Bewußtsein, es ist ein Bild, ein Verhaltensmuster, ein Grundprinzip ... das durch diese Wölfe ausgedrückt wird. Und in dieses Bild der kämpfenden Wölfe sind die Krieger der Indogermanen hineingegangen. ... Dann wurden sie zu einem Rudel, zu einer Gemeinschaft ... und sie hatten mehr Mut und mehr Kraft ... aber es war keine Ekstase-Technik so wie bei den Berserkern – deren Ekstase geht weiter ... Es ist eher der Rückhalt, den das Bild gibt."

...

„Hm ... meine Überlegung, wie das entstanden ist, durch das Hüten der Hirten mithilfe von Hunden, also mit gezähmten Wölfen – ist das so richtig?"
„Das stimmt."

...

„Ist da noch etwas, das Du mir sagen möchtest?"

...

„Nicht jetzt."
„Danke, Tyr! ... Und danke, Ulfhedinn! ... Und dank Dir, meine Wölfin!"
Ich kehre jetzt zurück.

3. Traumreise zu den Kriegerinnen

*„Ich möchte das mit den Kriegerinnen bei den Germanen besser verstehen. ...
Warum ist das bei denen so ausgeprägt ... Ist da eine Kriegerin, die mir das sagen
kann?"*

... ...

*Da ist jemand, aber das Bild ist nicht so klar wie bei den anderen beiden Traum-
reisen ... Es ist, als wenn da verschiedene Bilder wären ... die Kriegerin, die Priesterin, die Walküre, die Nornen ... und es sind selbstbewußte Frauen ... das war ja
generell so bei den Germanen, wenn man die Geschichten so liest ... sind die Frauen
sehr eigenständig ...*

„Wie kommt das?"

...

Es kommt keine Antwort ...

...

*Zum einen ist das ja der 'normale' Zustand, und zum anderen konnten sie sich ver-
teidigen – das war einfach ein Vorteil ... ... Es haben mehr Männer gekämpft als
Frauen – auf jeden Fall. ... Aber wenn Frauen das wollten und konnten ... dann
wurde das geachtet.*

...

Großer Seufzer ...

...

*Hm ... bei den Nicht-Indogermanen sind Kriegerinnen doch eher selten ... Wieso
hat sich das bei den Indogermanen so deutlich anders entwickelt? ... ... Also –
Königinnen gibt es ja auch bei den Ägyptern oder bei den Chinesen ... aber Frauen,
die wirklich mit der Waffe in der Hand gekämpft haben ... das wüßte ich sonst eigentlich von nirgendwoanders her ... Ist das wirklich dieses Sich-verteidigen?*

*Hm ... die Gestalt mir gegenüber ist einfach sehr diffus ... und bisher habe ich eher
ein Selbstgespräch geführt als eine Traumreise gemacht ...*

... ...

*„Aslaug ... Deine Beinamen sind 'Kraka' und 'Randalin' ... Kannst Du mir etwas
dazu sagen?"*

...

Es kommt keine Antwort ...

...

*Das Bild der Walküren hat dazu beigetragen, daß es Kriegerinnen gab – scheint
mir. ... ... Die Botinnen des Todes haben den Kampfverlauf gelenkt ... daher
konnte man sie auch selber leicht als Kriegerinnen ansehen ... Gut, das gibt's bei den
Germanen und das gibt's bei den Kelten ... ... Das ist ein altes Motiv, das hat sich
bei den Germanen gut halten können und bei den Kelten auch ein bißchen ...Und das*

war früher mal mehr? Zum Beispiel bei den Skythen?

...

Hm ... an wen kann ich mich hier wenden? Das ist schon wieder ein Selbstgespräch
...

„Tyr, kannst Du mir etwas dazu sagen?"

„Frag Freya."

„Freya? Kannst Du mir etwas zu den Kriegerinnen bei den Germanen sagen?"

„Es gab sie, aber sie spielten keine allzugroße Rolle. Aber es gab die Möglichkeit. Das Wichtigere war, daß sie im Prinzip immer gleichberechtigt waren ... und daß sie auch selber bestimmt haben, mit wem sie das Bett geteilt haben. Diese Eigenständigkeit hat ja dann die Mitteleuropäer, die das bei den Germanen kennengelernt haben, also vor allem die Römer, ziemlich verwundert. Das kannten sie so nicht und das kannten die Griechen so auch nicht."

„Hm ... hat sich das bei den Germanen so entwickelt während sie in Skandinavien waren oder ist das älter?"

„Das ist älter – eindeutig älter."

„Das heißt, da ist ein alter Zustand erhalten geblieben."

„Bei den Germanen sind viele alte Zustände erhalten geblieben, weil die Überlieferung zum Teil noch aus der Zeit stammt, in der sie noch als Stamm gelebt haben oder als Sippe – als es bei ihnen noch kein Königtum gab oder das Königtum zumindestens noch nicht alles geprägt hatte."

...

„Hm ... sind die Inder und Perser anfangs auch so gewesen?"

...

„Anfangs ja ... aber das Rig-Veda stammt von 1200 v.Chr. und die Aufteilung der Indogermanen in verschiedene Völker war um 2800 v.Chr."

...

„Dazwischen ist viel Zeit vergangen, ja ... Hm ... das heißt, direkte Nachweise gibt's da kaum ... die Germanen, die Kelten und die Skythen ... bei den Skythen hatte ja ungefähr jede dritte Frau in ihrem Grab auch Waffen liegen ... Die sind wahrscheinlich mit den Amazonen gleichzusetzen – auch wenn das Männer und Frauen und nicht nur Frauen gewesen sind ...

Hm ... gibt es da etwas, was Du mir sagen möchtest, Freya? Oder zeigen möchtest?"

„Es wäre gut, wenn die Frauen sich generell wieder als Kriegerinnen begreifen würden ... und genauso auch als Priesterinnen ... und wenn es nichts mehr gäbe, was sie den Männern einfach überlassen würden."

„Ja – das finde ich auch."

Freya lacht leise ...

„Du selber könntest auch noch ein bißchen mehr lernen, Krieger zu sein."

„O.k. ... Stimmt schon ... Gibt es noch etwas?"

„Jetzt, hier und bei Dir nicht – ansonsten gibt es noch viel, was zu sagen ist, ja ... anderen ..."

„Den Aspekt habe ich noch garnicht so klar gesehen, daß Du ja vielen etwas erzählst und zeigst. ... Das gefällt mir! ... Danke! ... Kann man einer Göttin 'Alles Gute!' wünschen?"

„Du tust es ja gerade."

„Ist das ... angemessen?"

„Wenn es Dein Wunsch ist, nehme ich das Geschenk dieses Wunsches gerne an."

„Das ist schön. Danke!"

Ich kehre zurück.

„Ho!"

V Berserker, Ulfhedinn und Kriegerinnen heute

Die Bedeutung der Berserker, der Ulfhedinn und der Kriegerinnen in der heutigen Zeit ist sehr verschieden.

Angesichts der heutigen Technisierung des Krieges und der Atombomben ist die Kampf-Ekstase der Berserker kein sonderlich erstrebenswerter Zustand mehr. Es werden stattdessen eher Gelassenheit und ein kühler Kopf sowie die Bewußtheit darüber, wohin die eigenen Taten führen könnten, gebraucht.

Die den Berserker-Fähigkeiten zugrundeliegende Einsgerichtetheit und das Erwecken der Kundalini sind hingegen auch heute noch für ein gedeihendes Leben ausgesprochen förderlich. Allerdings sollte beides nicht mehr nur an den Kampf des Einzelnen für die eigenen Ziele gebunden sein, sondern auf die eigenen Ziele im Rahmen des Wohlergehens aller Menschen auf der Erde.

Das Schützen der eigenen Sippe durch die Ulfhedinn ist hingegen eine wichtige Qualität, die heute noch genauso wie früher gebraucht wird. Allerdings muß sie von einem Sippen-Egoismus oder einem Staaten-Egoismus zu einem Erde-Egoismus geweitet werden, da das ungelenkte und ungezügelte Konkurrenz-Prinzip zur Zerstörung der Erde führen könnte und das Kooperations-Prinzip letztlich wesentlich effektiver ist.

Die Kriegerinnen stellen wiederum ein kämpferisches Selbstbewußtsein dar, daß für die Gleichberechtigung förderlich ist.

Verzeichnis der Themen

(die Zahl ist die Nummer des Bandes, in dem sich das Thema findet)

219

Keiler 42

Kenningar 75

Kerbel 45

Kessel 57

Keule 66

Kiebitz 40

Kili 32

Kisi 34

Kiste 57

Kjallandi 6

Kjallandi 35

Klaufi 34

Klee 45

Kleima 35

Knochen 67

Knoten 64

Kobolde 36

Kol der Bucklige 39

Kolfrosta 28

Kolga 35

Kopf 63

Kormoran 40

Korn 45

Körperteile 65

Köttr 34

Kraftgütel => Gürtel

Krähe 40

Kraka 31

Kranich 40

Kräuter 45

Kreppvör 35

Kriegerin 62

Kreuzblume 45

Kreuzkraut 45

Krönung 64

Kröte 44

Kuckuck 40

Kuril 6

Kult 55

Kundalini 64

Kwasir 20

Kyrmir 6

Lachanfall 64

Lachen 55

Lachs 44

Landgeister 36

Lauch 45

Laufey 26

Laurin 7

Laus 40

Leber 63

Leib 63

Leidi 34

Leifi 6

Leifnir 6

Leikn 35

Leimrute 66

Leiter 49

Leirvör 35

Leopard 43

Lerche 40

Lidskialf 20

Liebestrank 70

Liebeszauber 64

Lif 39

Lifthrasir 39

Litr 6

Litr 32

Ljod 29

Ljota 35

Lodin 6

Lodinfingra 35

Lodur 16

Lofar 7

Lofn 29

Lofnheid 35

Logi 34

Loki 16

Loni 32

Lopthoena 28

Lori 35

Loricus 6

Löwe 43

Löwenmäulchen 45

Luchs 43

Lutr 34

Lyngheid 35

Magni 19

Malseron 34

Mana 35

Managarm 43

Mannus 20

Mardalla 27

Marder 43

Margerdr 35

Margerthur 35

Mangold 45

Mantel 67

Mantel der Nanna 67

Marnar 29

Märzviole 45

Maske => Helm

Maus 44

Meer 49

Meer der Zeit 55

Meer-Menschen 36

Mehlbeere 45

Mehltau 45

Meili 9

Meise 40

Menglöd 22

Menja 28

Menschenopfer 64

Messer 66

Midgard 52

Midgardschlange 41

Midi 6

Midjungr 34

Midwitnir 6

Mimir 6

Mist 31

Mistel 45

Mistkäfer 40

Mittelpfeiler =>
Yggdrasil

Mittsommer 54

Miötwitnir 32

Mjoll 34

Modgudr 29

Modgudr 31

Modi 19

Modrädnir 32

Modsognir 7

Mögthrasir 6

Moin 32

Mökkurkjalfi 6

Molda 35

Mona 20

Mond 48

Mondul 32

Moosfrau von
Saalfeld 32

Moosleute von
Arntschgereute 32

Mörn 35

Möwe 40

Mühle 66

Mundilfari 6

Munin 40

Munnharpa 35

Münze 67

Muspel 6

Muspelheim =>
Feuer 52

Myrkrida 35

Myrkvid 49

Nabbi 32

Nacktheit 60

Nadel 55

Nägel 55

Naglfar 49

Nain 32

Nali 32

Namensgebung 64

Nanna 21

Nauma (Hel) 35

Nar 32

Narfi 6

Nari Loki-Sohn 19
Nati 6
Naudir 36
Nebel 64
Nefia 35
Nehalennia 29
Neri 30
Neris Schwester 30
Nerthus 28
Nepr 20
Nessel 45
Netz 67
Neuentstehung aus
den Knochen 55
neun Heimdall-
Mütter 35
neun Schwestern 35
Niblung 7
Niblung 39
Nicor 34
Nid 64
Nidi 32
Nidr 28
Nidud 16
Nieswurz 45
Niflheim => Eis 52
Niping 32
Nirdir 10
Niola 48
Njola 48
Njörd 10
Njörun 29
Nölvi 10
Norden 54
Nordosten 54
Nordrl 32
Nordwesten 54
Nori 32
Nornen 30
Norr 34
Norr 48
Nott 48

Nyi 32
Nyr 32
Nyrad 32
Oddrun 31
Odin 13/14
Odr 20
Ofoti 5
Öflugbarda 35
Öflugbardi 6
Ogautan 39
Ogladnir 6
Ogn 35
Ohr 63
Oin 7
Olius 32
Ölwaldi 5
Omen 71
Onarr 48
Öndudr 6
Onn 32
Opfer 64
Orakel 71
Oregano 45
Ori 32
Örnir 6
Ortnit 34
Ösgrui 5
Öskrudr 34
Ostara 29
Osten 54
Otr 32
Otter 44
Otunfaxe 39
Penis 55
Perchta 28
persönliches Glück 64
Pfeil 66
Pferd 42
Pferdezwillinge 12
Pflug 67
Phol 9
Polygamie 55

Priester 60
Priesterin 58
Prolog (Edda) 77
Prophezeiung 71
Pukis 36
Rabe 40
Rad 67
Radgrid 31
Radvör 35
Ragnar Lodenhose 39
Ragnarök 55
Ran 27
Randalin 31
Randgnid 31
Randgrid 31
Rangbeinn 5
Rasereitrank 70
Raswid 32
Rätsel 76
Raud 34
Raugnir 34
Raum 6
Reck 32
Regenbogenbrücke
49
Regin 7
Reginleif 31
Reiher 40
Rentier 42
Riesen auf der West-
Insel 6
Riesen-Baumeister 6
Riesen von
Feldkirchen 34
Riesen von
Lichtenberg 35
Rifingalfa 35
Rifingöflu 35
Rigingöflu 35
Rind 42
Rindr 20
Ring 57

Ringkampf 55
Rist 31
Robbe 44
Rögnir 7
Rose 45
Röskva 37
rot 46
rota 31
Rotkehlchen 40
Rücken 63
Rud 35
Rudent 6
Rudi 34
Runa 35
Runen 72
Runenkästchen von
Auzon => Kiste
Runenstein 64
Runenstein von Ardre
64
Rußland-Riese 6
Rütze 35
Rygi 35
Saemdill 6
Saga 28
Sährimnir 42
Säkarsmuli 6
Salbei 45
Salfangr 6
Sam 34
Sämingr 39
Sanngrid 31
Sati 51
Säule => Weltenbaum
52
Saxnot 20
Sceaf 20
Schachtelhalm 45
Schädelschale 63
Schadenszauber 64
Schaf 42
Schafgarbe 45

Tasche 60
Tätowierungen 55
Tattoo 60
Tau 52
Taufe 64
Teer 45
Telemark-Riese 5
Telepathie 64
Teller 57
Tempel 56
Teufelsabbiß 45
Thagnar 31
Theck 32
Thialfi 37
Thiazi 5
Thing 73
Thiodwitnir 34
Thistilbardi 34
Thjodrerir 7
Thögn 31
Thökk 35
Thor 17
Thora 28
Thorgerdr Hölgabrudr 29
Thorin 7
Thorir 6
Thorn 5
Thorstein Haus-Macht 79
Thrain 32
Thrasir 6
Thrigeitir 5
Thrivaldi 5
Thröng 29
Thror 7
Thror 20
Thror 32
Thorri 34
Thrud 31
Thrudgelmir 5
Thrudr 29

Thrungva 29
Thrym 6
Thulur 77
Thundr 6
Thundr 29
Thurbiörd 35
Tiere 44
Tiere der Götter 44
Tierfelle 60
Tierfelle bei Hinrichtungen 67
Tor 49
Torfa 35
Tote wiederbeleben 64
Tragestange 67
Trana 35
Traum 71
Traumdeutung 71
Traumfrau 31
Trima 31
Trolle 36
Trona 35
Tuch 57
Tuisto 20
Tuisto 33
Turm 56
Tyr 3
Tyr-Riesen 5
Udr 35
Uffe 39
Ulfhedinn 62
Ulfrun 35
Ullr 11
Umhang => Mantel 60
Uni 20
Unn 35
Unsichtbarkeit 64
Unsichtbarkeits-Stein 67
Urd 30

Uri 20
Utgard 52
Utgardloki 6
Ungeheur 41
Utiseta 50
Vagnhöftdi 34
Valbrandur 5
Vali Loki-Sohn 19
Valthögn 31
Vandil 5
Vandlir 5
Var 29
Vardrun 28
Vardrun 35
Vardruna 35
Vasad 6
Vatermord 55
Velle 5
Venus 48
Verbene 45
Verdandi 30
Vervielfältigung von Körperteilen 65
Vergessenheitstrank 70
Verirren auf der Hirschjagd 55
Verr 34
Verwandlung:
- einer Frau in einen Mann 65
- einer Frau in eine andere Frau 65
- eines Mannes in eine Frau 65
- in Adler 65
- in Bär 65
- in Drache 65
- in Eber 65
- in Falke 65
- in Fliege 65
- in Floh 65

- in Fuchs 65
- in Geier 65
- in Habicht 65
- in Hecht 65
- in Hirsch 65
- in Hund 65
- in Krähe 65
- in Lachs 65
- in Löwe 65
- in Mücke 65
- in Otter 65
- in Pferd 65
- in Rabe 65
- in Rind 65
- in Robbe 65
- in Schlange 65
- in Schwalbe 65
- in Schwan 65
- in Seekuh 65
- in Spinne 65
- in Tier 65
- in Vogel 65
- in Wal 65
- in Walroß 65
- in Widder 65
- in Wolf 65
- in Ziege 65
- in Ziegenbock 65
Vidblindi 5
Viddi 34
Vidgreipr 34
Vidgymir 5
vier Riesen-Ritter 34
vier Stier-Riesen 34
viertüriges Haus 52
Vifflöd 29
Vignir 34
Vikarr 6
Vilja 20
Vindr 34
Vingnir 6
Vingrip 34